Bernd Siggelkow · Wolfgang Büscher
Marcus Mockler

Papa Bernd

Arche-Gründer Bernd Siggelkow –
Ein Leben für die vergessenen Kinder

Über die Autoren

Bernd Siggelkow gründete 1995 in Berlin-Hellersdorf das christliche Kinder- und Jugendhilfswerk „Die Arche". Er ist verheiratet und Vater von sechs Kindern. Für seine Arbeit erhielt er das Bundesverdienstkreuz.

Wolfgang Büscher arbeitet neben seiner Tätigkeit als Journalist und Pressesprecher der „Arche" als Medienberater mit einem eigenen Unternehmen. Gemeinsam mit „Arche"-Gründer Bernd Siggelkow hat er mehrere Bestseller geschrieben.

Marcus Mockler ist Journalist, Publizist und Kommunikationstrainer. Er leitet die Baden-Württemberg-Redaktion des Evangelischen Pressedienstes (epd) Stuttgart.

Bernd Siggelkow · Wolfgang Büscher
Marcus Mockler

PapaBernd

Arche-Gründer Bernd Siggelkow –
Ein Leben für die vergessenen Kinder

adeo

FSC

Mix
Produktgruppe aus vorbildlich
bewirtschafteten Wäldern und
anderen kontrollierten Herkünften

Zert.-Nr. SGS-COC-001940
www.fsc.org
© 1996 Forest Stewardship Council

© 2010 adeo Verlag,
in der Gerth Medien GmbH, Asslar,
Verlagsgruppe Random House GmbH, München

1. Auflage 2010
Bestell-Nr. 814 218
ISBN 978-3-942208-18-5

Umschlaggestaltung: Buttgereit & Heidenreich, Haltern am See
Umschlagfoto: Peter Müller
Fotos im Bildteil: Arche, Peter Müller, Privat
Satz: Marcellini Media GmbH, Wetzlar
Druck und Verarbeitung: GGP Media GmbH, Pößneck
Printed in Germany

Inhaltsverzeichnis

Vorwort

Mario Barth

Vor gut einem Jahr traf ich Bernd Siggelkow zum ersten Mal. Bis dahin kannte ich nur das Konzept und die Idee, die hinter der Arche stecken, und hatte daraufhin bereits begonnen, die Einrichtung zu unterstützen. Doch dann wollte ich mich selbst vor Ort über die Arbeit informieren und besuchte die Arche in Berlin-Hellersdorf. Mein Management hatte 90 Minuten für den Besuch eingeplant, daraus wurden dann aber gute vier Stunden. Vier Stunden, denen noch viele weitere folgen sollten. Vier Stunden, die mich gewaltig geerdet haben.

Wer wirklich glaubt, bei uns ist alles in Ordnung, sollte Bernd Siggelkow in seiner Arche besuchen. Mir wurde dabei nicht nur klar, dass mein Einsatz für die Arche wichtig war und ist, sondern auch, dass das Geld und der persönliche Einsatz vieler Helfer hier direkt bei den jungen Menschen ankommen, die beides wirklich benötigen. In mir wuchs an dem Tag auch noch einmal der Respekt für Bernd Siggelkow. Er leistet mit seinem Team in Berlin-Hellersdorf und in den vielen anderen Archen, die es inzwischen im ganzen Bundesgebiet gibt, eine Arbeit, die viel persönlichen Einsatz und einen unerschütterlichen Optimismus erfordert.

Jeden Tag begegnet er in seinen Einrichtungen Kindern, denen in ihren Familien wenig bis gar keine Liebe entgegengebracht wird. Kindern, die nichts für ihre Situation können. Kindern, die unsere Zukunft sind – und unsere Gegenwart, wie Bernd Siggelkow mir einmal so richtig sagte. Unermüdlich arbeitet er seit vielen Jahren für die Kinder. Ohne große Bürokratie, damit die Arbeit direkt wirkt, widmet er sich dem großen Ganzen und kümmert sich im nächsten Moment um einen einzelnen Jungen, dessen Mutter nicht genug Geld für die Weihnachtsgeschenke aufbringen kann. Er spricht die direkte, manchmal flapsige Sprache der Kinder und erreicht sie damit. Obwohl er längst nicht mehr jeden Tag in jeder Arche sein kann, achten er und seine Mitarbeiter darauf, dass hier jedes Kind als Persönlichkeit und nicht als anonymes Wesen behandelt wird.

Die Arbeit, die Bernd Siggelkow leistet, kann gar nicht hoch genug bewertet werden, und jeder kann helfen. Ich selbst will das auch weiterhin tun. Aber ich möchte auch andere Menschen ermutigen, das Gleiche zu machen – ob finanziell, mit Sachspenden oder Zeit. Bernd Siggelkow und seine Idee von einer Anlaufstelle für benachteiligte Kinder haben unser aller Hilfe verdient.

Politiker spielen
„Arche"-Versenken

Es war Ende des Jahres 2005. Da gab es die „Arche" in Berlin bereits seit zehn Jahren. Längst lagen die Tage der Pionierarbeit hinter uns, das Engagement des Vereins für in Armut lebende Kinder in der Bundeshauptstadt galt schon als etabliert. Dann kam eine Attacke gegen uns – ja, gegen mich persönlich –, mit der niemand rechnen konnte.

Ein Berliner Kommunalpolitiker der damaligen PDS (die später in die Partei „Die Linke" aufging) schoss in einem internen Papier gegen unsere Einrichtung und gegen mich, Bernd Siggelkow, als deren Gründer. Der Vorwurf des sozialistischen Politikers: Ich wahrte angeblich „nicht die notwendige körperliche Distanz zu den Kindern". Er hätte auch gleich etwas von sexuellem Missbrauch oder dem Begrapschen von Schutzbefohlenen schreiben können, beließ es aber bei dieser Formulierung (und war damit vermutlich auch juristisch aus dem Schneider). Als ob das nicht genug gewesen wäre, ballerte der Mann zusätzlich mit der Kritik, in der Arche würden Kinder „über den Magen" missioniert. Und natürlich berichteten die Medien bundesweit über diese Angriffe.

Warum wurde diese Kampagne losgetreten? Einerseits konnten wir das nicht verstehen. Die Arche mobilisierte ein riesiges Aufgebot an Spenden und ehrenamtlichem Engagement, um das Leben von sozial benachteiligten Kindern zu verbessern. Wer konnte ernsthaft gegen so eine Einrichtung sein? Andererseits hatten wir eine Ahnung davon, dass es Leute gab, denen die erfolgreiche Arbeit der Arche missfiel. Leute, in deren weltanschauliches Konzept die christliche Farbe unseres Engagements nicht passte und die mit ihrer Offensive indirekt jede kirchliche Sozialarbeit angriffen.

Viele meiner Mitarbeiter und auch ich hatten die Wirkung unterschätzt, die diese Kampagne auf die Arche-Kinder und auf deren Eltern hatte. Immer wieder stellten die Kleinen dieselbe Frage: „Bernd, Bernd, machst du jetzt die Arche zu?"

Zur selben Zeit wollte uns die Gewerkschaft der Polizei eine größere Spende überreichen, und so tauchten eines Tages sechs Polizeibeamte aus Karlsruhe in Uniform in meinem Büro in der Arche auf. Auch sie schüttelten nur den Kopf über die Vorwürfe, die in diesen Tagen durch die Presse geisterten. Sie versicherten mir und der Arche ihre volle Unterstützung.

Wir redeten zunächst etwa eine halbe Stunde lang miteinander, dann wollten sich die Beamten die Arche anschauen. Gemeinsam verließen wir mein Büro und gingen den Flur unserer Einrichtung entlang, wobei ich, ohne mir Gedanken darüber zu machen, was für ein Bild wir boten, zwischen den uniformierten Beamten lief. Als jedoch ein Mädchen, das täglich unsere Einrichtung besuchte, an uns vorbeiging, registrierte ich aus dem Augenwinkel den entsetzten Blick der Kleinen. Sechs Polizisten und in der Mitte Bernd Siggelkow. In diesem Moment dachte ich: *Was geht jetzt wohl in diesem Mädchen vor?*

Meine Frau Karin, die das Ganze beobachtet hatte, lief dem Mädchen sofort hinterher. Sie hatte die Situation richtig eingeschätzt, denn sie musste das Kind beruhigen.

„Nehmen die den Bernd jetzt mit? Muss er ins Gefängnis?", fragte die Kleine. Die Augen verrieten ihre Angst. Auch sie hatte wahrscheinlich von den Angriffen auf die Arche gehört. Sogar eine meiner Mitarbeiterinnen, die mich mit den Polizisten sah, hatte denselben Verdacht: *Jetzt nehmen sie den Bernd mit.* Unter den Kindern und auch unter den Eltern gab es an diesem Tag eine große Unruhe. Alle hatten Angst, dass die Arche geschlossen würde. Erst nachdem die Polizisten noch ein Erinnerungsfoto gemacht und sich verabschiedet hatten, konnten wir die Kinder beruhigen.

Der nächste Arbeitstag begann mit einer tollen Überraschung. Die Eingangstür zu meinem Büro war zugepflastert mit Briefen der Kinder. Das Holz der Tür war fast nicht mehr zu erkennen. All diese Briefe hatten die Kids aus eigener Motivation geschrieben, ohne Hilfe der Eltern oder unserer Mitarbeiter. „Lieber Bernd, mach weiter, wir haben dich lieb" und „Lass dich nicht unterkriegen" oder „Das sind alles Lügen, was die da so sagen" und viele weitere Zusprüche schmückten meinen Büroeingang. Es war überwältigend. Eine ganze Tür vollgeklebt mit Liebeserklärungen! Da erst bemerkte ich, was der Aufruhr bei den Kindern ausgelöst hatte. Mir waren die Vorwürfe nicht so furchtbar nahegegangen, weil ich die Situation besser einordnen konnte als die Kinder.

Das Ganze war aber nicht nur eine harmlose Diskussion in den Gazetten. Die Sache hatte für uns unangenehme Folgen: Man kürzte uns die Zuschüsse. Damals bezahlte uns der Stadtbezirk eine Personalstelle. Dank der Stimmung, die gegen uns gemacht wurde, wurde diese Stelle nun jedoch zunächst für ein Jahr auf die Hälfte gekürzt, um sie nach einem weiteren Jahr schließlich ganz zu streichen. Diese Entscheidung fiel in einer seltsamen Allianz zwischen den Sozialisten und der FDP. Aus psychologischer Sicht vielleicht ein bisschen verständlich: Sie wollten nicht wahrhaben, dass in einer Stadt wie Berlin Kinder verwahrlosen und häufig auch nicht genug zu essen bekommen. Andererseits: Wir haben den Politikern nie persönlich wegen dieser schlimmen Situation Vorwürfe gemacht.

Etwas haben wir aber aus der Sache gelernt: Erst in der Krise merkt man, ob man Freunde hat. Wir hatten welche, und zwar beglückend viele. Unser Telefon stand nach dem unverschämten Angriff des Kommunalpolitikers nicht mehr still. Viele Politiker – auch ein paar aus der damaligen PDS – besuchten uns in der Arche, um uns ihre Unterstützung zuzusagen. Dazu zählten etwa der damalige Bezirksbürgermeister von Hellersdorf-Marzahn, Uwe Klett, und die Bundestagsabgeordnete der Linken, Petra Pau, die heute Vizepräsidentin des Deutschen Bundestages ist. Sie waren entsetzt über die hohen Wellen, die über uns hinwegschlugen und die am meisten den uns anvertrauten Kindern schadeten – das waren zu der Zeit etwa 250 täglich.

Vor allem in der bundesweiten Presse fanden wir eine riesige Unterstützung. Viele berichteten über unsere Arbeit und über die kleinen Erfolge, die wir aufweisen konnten. Auch der örtliche Bürgermeister bestätigte öffentlich die katastrophale Situation vieler kinderreicher Familien in seinem Bezirk. Dabei muss man wissen, dass Kinderarmut nicht ausschließlich ein Problem der Großstadt Berlin ist, obwohl in dieser Stadt heute fast 40 Prozent aller Kinder von Transferleistungen leben. Auch im übrigen Deutschland vegetieren immer mehr Kinder in Armut dahin. Inzwischen sind mehr als drei Millionen Kinder in unserem Land betroffen.

Viele Mitglieder des Berliner Abgeordnetenhauses hörten zum ersten Mal von dieser Not. Politiker gaben sich in der Arche die Klinke in die Hand. Sie wollten wissen, was man denn tun könne. Natürlich haben auch wir kein Allheilmittel.

An einem Punkt können wir aber ansetzen: Unsere Kinder brauchen viel Zuneigung und Liebe, die sie zu Hause nicht immer bekommen. Sie brauchen uns Erwachsene als zuverlässige Partner und Freunde.

Die mediale Aufregung verwandelte sich für mich in eine Lehrstunde: Ich lernte, die Vorwürfe aus dieser politischen Ecke nicht mehr für voll zu nehmen. Denn keiner dieser Kritiker hatte je die Arche besucht, und das war doch sehr bezeichnend. Man merkte sofort, dass es ihnen nicht um die Sache ging. Bestimmte politische Kreise hatten einfach etwas gegen jede christliche Einrichtung, und diese Ausrichtung war das eigentliche Ziel der Angriffe. *Da bleibt schon irgendetwas hängen*, wird sich mancher der Agitatoren gedacht haben. Welchen Schaden diese Kritik bei den Kindern verursachen könnte, schien zweitrangig.

Viele unserer Spender und auch einige Politiker und Unternehmer unterstützten uns in dieser Situation. Wir erlebten eine ungeheure, geradezu begeisternde Solidarität der Menschen. Der Berliner Unternehmer Hans Wall beispielsweise bezahlte uns, ohne zu zögern, die vom Bezirk gestrichene halbe Stelle für ein Jahr. Ich war überwältigt. Damit hatte ich nicht gerechnet.

Jene aufregenden Wochen im Jahr 2005 zeigen, in welchem Umfeld sich die Arche bewähren musste und bis heute bewähren muss.

In diesem Buch möchte ich aber nicht nur von der Arche berichten, auch wenn sie zu meinem Lebensthema geworden ist. Ich möchte – hoffentlich in der notwendigen Bescheidenheit – Rechenschaft geben von dem, was mich auf dem Weg in diese Arbeit geprägt hat. Das Buch beleuchtet nicht allein die Geschichte des Kinderhilfsprojekts, das immer weitere Kreise zieht. Es berichtet von wunderbaren Menschen, die mich mit meinem schwierigen familiären

Hintergrund stark gemacht haben. Es erläutert mein persönliches christliches Selbstverständnis und das der Arche. Es lobt die zahllosen Miterbauer und -erhalter der Arche, einige sogar namentlich.

Im Jahr des Erscheinens dieses Buchs wird die Arche 15 Jahre alt. In diesen Jahren hat sie von Politikern, Wirtschaftsleuten und von vielen Menschen aus der Gesellschaft große Hilfe erfahren. Dank dieser Hilfe konnten wir mittlerweile Archen in Berlin, Potsdam, Hamburg, München, Düsseldorf, Köln und Frankfurt aufbauen und erfolgreich betreiben. Weitere werden noch hinzukommen. So traurig es klingen mag: Der Misserfolg unserer Gesellschaft ist der gesellschaftliche Erfolg der Arche – ein Erfolg, auf den ich nicht stolz bin. Aber: Wohl dem Menschen, der sich in einer notvollen Situation in eine Arche zurückziehen kann!

Der Tag, an dem Mutter auszog …

Ich bin immer wieder erstaunt, an was sich manche Menschen so alles erinnern. Sie können noch zahllose Ereignisse aus dem Kindergarten erzählen, sogar aus den Jahren davor. Manche erinnern sich sogar noch an Szenen, die sie im Kinderbettchen erlebt haben. Bei mir ist aus dieser Zeit nichts hängen geblieben. Zumindest fast nichts. Ich erinnere mich nicht an die Tapete über meinem Gitterbett, nicht an Küsschen verteilende Tanten, nicht an den Verlust des ersten Zahns. Das Geflecht meiner Erinnerungen hat an dieser Stelle ein gewaltiges Loch.

Geboren bin ich 1964 auf St. Pauli in Hamburg. Damals war die Welt meiner kleinen Familie noch einigermaßen in Ordnung. 1964 war das Jahr, in dem Cliff Richard seinen Hit „Rote Lippen soll man küssen" sang und der Schauspieler Paul Newman einen Oscar bekam. In Amerika ereignete sich das bis dahin stärkste Erdbeben, das als Karfreitagsbeben in die Geschichte einging; Lyndon B. Johnson war zu diesem Zeitpunkt bereits ein Jahr amerikanischer Präsident.

Wie gesagt, ich habe keine Erinnerungen an meine früheste Kinderzeit. Was ich weiß, weiß ich aus Erzählungen. Mit knapp zwei Wochen wurde ich getauft. In den Kindergarten ging ich nicht – genau wie mein eineinhalb Jahre älterer Bruder. Mehr Informationen habe ich nicht über meine ersten Lebensjahre.

Das Erste, woran ich mich wirklich erinnere, ist ein Umzug. Für eine kurze Zeit verließen wir St. Pauli und zogen in einen kleinen Ort in Niedersachsen, aber nicht weit von Hamburg entfernt, wo sich mein Vater eine kleine Zoohandlung aufgebaut hatte. Allerdings stand nicht er im Laden, sondern meine Großmutter. Er selbst blieb in Hamburg und verdiente zusätzliches Geld, das wir dringend zum Leben brauchten. Auch meine Mutter hatte einen Nebenjob. Sie verdingte sich als Fleischverkäuferin in einer Metzgerei in der Nachbarschaft. So blieben meine Großmutter, mein Bruder und ich in der kleinen Ladenwohnung und dem Geschäft. Ich erinnere mich daran, dass der Laden ein riesengroßes Schaufenster zur Hauptstraße hin hatte. Meine Großmutter und ich saßen hin und wieder an diesem Fenster und veranstalteten miteinander ein Spiel. Jeder gab einen Tipp ab, welche Farbe wohl das nächste Auto haben würde, das am Fenster vorbeifuhr.

Dies sind also meine ersten Kindheitserinnerungen – und dann kommt lange Zeit praktisch gar nichts. Auch von meinen ersten Schultagen weiß ich nichts mehr. Es gibt keine Fotos aus dieser Zeit. Ich muss wohl ein ganz passabler Schüler gewesen sein; mit meinen Leistungen waren jedenfalls alle zufrieden. Aber einzelne Begebenheiten aus dem Schulalltag, an die ich mich erinnere? Fehlanzeige.

Ein Tag aus meiner Kindheit wird mir allerdings wohl ewig ins Gedächtnis gebrannt sein. Es war der schlimmste Tag meines damals noch jungen und ganz glücklichen Lebens – und es sollte der schlimmste bleiben. Meine Mutter war in jener Zeit eher selten zu Hause. Es musste immer wieder Krach mit meinem Vater und seiner Familie gegeben haben, von dem ich damals aber nichts mitbekommen habe. Es regnete an diesem Tag, die Wolken hingen schwarz und schwer über unserer Straße. Ich kam alleine nach Hause. Wo ich herkam, weiß ich nicht mehr. Mein Bruder und meine Oma, die bei uns wohnte, waren nicht da. Dann diese Szene wie aus einem rührseligen DEFA-Film: Meine Mutter hatte ihre Sachen gepackt, und nun stand sie in einer dicken Jacke vor mir, in jeder Hand einen Koffer.

„Wo willst du hin?", fragte ich sie mit großen, ängstlichen Augen. Dass hier Unheil drohte, hatte ich sofort erspürt.

Sie antwortete sehr direkt und offenbar tief verletzt von dem, was hinter ihr lag: „Ich verlasse euch, ich gehe weg!"

Was für ein Schock!

Da stand ich Zwerg mit meinen sechs oder sieben Jahren in unserer kleinen Küche und die Tränen schossen mir in die Augen. Meine Mutter ging an mir vorbei durch die geöffnete Tür und zog sie hinter sich ins Schloss.

Ich blieb allein zurück. Buchstäblich mutterseelenallein. Und ich heulte Rotz und Wasser. Ich schrie, schrie, schrie mir meine verwundete Seele aus dem Leib. Aber keiner hörte es. Keiner kümmerte sich um mich, keiner nahm mich in den Arm, keiner tröstete mich.

Ein furchtbarer Moment in meinem bis dahin eher behüteten Leben. Instinktiv spürte ich schon als kleines Kind, dass dies nun bitterer Ernst war und dass sie wohl nie mehr zurückkommen würde. Ich hatte meine Mutter verloren – und wusste nicht einmal, warum.

Sie zog zu ihrem Lebensgefährten, die beiden heirateten später auch und bekamen ein gemeinsames Kind. Sie sind heute übrigens immer noch zusammen.

Was für mich in Kindertagen unendlich grausam war, stellt sich für mich heute in einem milderen Licht dar. So hart es mich damals auch erwischte, so kann ich meine

Mutter doch inzwischen verstehen. Sie wollte ausbrechen aus einem Leben, unter dem sie litt, und aufbrechen zu etwas Neuem, etwas Besserem. Das versprach sie sich von ihrer Flucht. Meine Eltern hatten sich kennengelernt, als sie noch sehr jung waren. Schnell wurde meine Mutter mit meinem Bruder schwanger. Das war Anfang der 60er-Jahre in Hamburg nicht ganz einfach. Die Leute guckten – und redeten. Also „mussten" meine Eltern heiraten, obwohl sie sich kaum kannten. Bei den Unterschieden, die sie in die Beziehung einbrachten, war das Projekt „Ehe" wohl vom ersten Tag an zum Scheitern verurteilt.

Jedenfalls war Mutter nun weg – von jetzt auf gleich. Weg aus der Wohnung, weg aus unserem Leben – aber nicht weg aus meinem Herzen. Ich sehnte mich nach ihr. Mein Bruder hingegen wollte nichts mehr von ihr wissen. „Sie hat uns verlassen, und deswegen hasse ich sie", sagte er mir einmal. Er hat den Kontakt auch nie wieder gesucht. Ich konnte meine Mutter jedoch nicht einfach abhaken. Ungefähr zwei Jahre später ging ich einfach zu ihr, besuchte sie in ihrem neuen Zuhause. Heute habe ich zu meiner Mutter wieder ein gutes Verhältnis, und dafür bin ich dankbar.

Direkt nachdem sie gegangen war, wurde unsere Situation jedoch erst einmal komplizierter. Mein Vater war zwar noch sehr jung, saß aber schon auf einem immensen Schuldenberg. Seine Versuche, sich selbstständig zu machen, scheiterten immer wieder. Er ließ sich aber in dieser Situation nicht hängen, sondern rackerte sich ab, um seine Schulden zu bezahlen und um seine Familie zu ernähren. Häufig ging er mehreren Jobs gleichzeitig nach und war von frühmorgens bis spätabends unterwegs. Erfolg hatte er nicht immer. Hin und wieder verlor er einen Job und musste wieder neu auf die Suche nach Arbeit gehen. So sahen wir unseren Vater kaum. Er lebte sein eigenes Leben. In seiner knapp bemessenen Freizeit ging er irgendwelchen Hobbys nach, von denen wir nichts mitbekamen.

Natürlich suchte mein Vater auch nach einer neuen Frau, doch das war mit zwei Kindern, einer Mutter, der es gesundheitlich nicht gut ging, und wenig Freizeit fast unmöglich. An zwei Frauen, die für längere Zeit bei uns wohnten, kann ich mich aber noch erinnern. So richtig glücklich kann mein Vater damals jedoch nicht gewesen sein, denn er musste sich ganz schön schinden, um sein Leben auf die Reihe zu bekommen.

Ich machte mir damals über unsere Lebenssituation nicht allzu viele Gedanken. Natürlich fehlte mir meine Mutter, aber unsere finanzielle Lage bereitete mir keine Sorgen. Wir waren zwar arm, mussten vieles entbehren, aber ich kannte es nicht anders. Wenn ich Freunde besuchte, registrierte ich wohl oberflächlich, dass sie wohlhabender waren als wir, aber so richtig verglichen habe ich damals nicht – mein junges Herz war für Neidgefühle offenbar nicht besonders anfällig. Zu Hause musste ich viel und hart arbeiten. Mein Bruder war zwar älter als ich, aber leider nicht gesund. Schon seit er ein Baby war, wurde er von Epilepsieanfällen geplagt. Darauf nahmen alle sehr viel Rücksicht, und so brauchte er kaum Pflichten in der Familie zu übernehmen. Einkaufen und Abwaschen waren zum Beispiel meine Aufgaben. Mein Bruder durfte in dieser Zeit Freunde besuchen oder spielen.

Für mich war im Alter von zehn Jahren an Spielen im Grunde nicht mehr zu denken. Dafür war einfach keine Zeit mehr. Hin und wieder ging ich allerdings in einen Jugendklub. Dort gab es zumindest eine Tischtennisplatte. Pädagogische Betreuer konnte ich dort nicht ausmachen, sonst hätte ich vielleicht professionelle Hilfe bekommen. Wenn ich so zurückdenke, durchlebte ich in meiner Kindheit sehr viel emotionale Einsamkeit.

Mein einziges Hobby war das Aufnehmen und Abhören von Musikstücken mit meinem Kassettenrekorder. So lernte ich die Musik von Elvis Presley kennen und lieben. Seine Songs hörte ich immer wieder, oft Tag und Nacht, aber darüber hinaus interessierte ich mich auch für sein Leben. Wir wohnten damals in einer Dachwohnung mit Toilette draußen auf dem Gang. Da es in der Gegend, in der wir lebten, sehr viele Obdachlose, Alkoholiker und Prostituierte gab, hatten wir im Hausflur immer wieder ungebetene Gäste. In kalten Nächten zog es sie in unser Haus, wo sie sich auf der Treppe oder im Gang ein Plätzchen zum Übernachten suchten. Teilweise schlichen sie bis in die obere Etage, um dort ihr Nachtlager aufzuschlagen.

Einmal – es war mitten im Winter – musste ich nachts dringend aufs Klo. Ich schlich mich leise zur Wohnungstür und öffnete sie. Mit der Hand tastete ich an der Wand nach dem Lichtschalter, doch ich fand ihn nicht sofort. Es war bitterkalt, denn der Hausflur wurde natürlich nicht beheizt. Plötzlich spürte ich etwas an meinen Beinen, ich stolperte einen Schritt vor und fiel der Länge nach hin. Ein Grunzen und Stöhnen versetzte mich fast in Panik. Ein Obdachloser hatte es sich direkt vor unserer Wohnungstür gemütlich gemacht. Was für ein Schock war das für mich – mitten in der Nacht über einen betrunkenen Mann zu fallen! Nach diesem Vorfall ließ ich jedes Mal, wenn ich nachts zur Toilette musste, zuerst den Sicherheitsriegel an der Haustür einrasten, um dann vorsichtig die Tür zu öffnen, das Licht anzumachen und nachzuschauen, ob da jemand lag, ehe ich einen Schritt in den Hausflur machte.

Meine Oma war zu dieser Zeit schon vom Krebs zerfressen, wie mein Vater sich auszudrücken pflegte. Sie konnte mir schließlich im Haushalt kaum noch helfen. Morgens verließ ich das Haus, ohne zu frühstücken. Mittags dann, wenn ich von der Schule nach Hause kam, hatte Oma uns etwas gekocht, wenn sie die Kraft und das Geld dazu hatte. Meine Großmutter bezahlte in der Regel immer alles von ihrer kleinen Rente. Das Geld, das mein Vater erarbeitete, ging vor allem für die Tilgung seiner Schulden drauf.

Nach dem Mittagessen und dem anschließenden Abwasch schrieb Oma mir den Zettel für den Einkauf. Das Einkaufen darf man sich aber nicht so leicht vorstellen. Es gab keinen Supermarkt. Ich musste die Lebensmittel dort einkaufen, wo sie am preiswertesten waren. Oft durchkämmte ich an einem Nachmittag drei verschiedene Geschäfte, und das dauerte manchmal sehr lange. Taschengeld bekam ich zu diesem Zeitpunkt keines. So konnte ich mir bei diesen Einkäufen nur selten etwas für mich aussuchen. Als ich meinen Vater einmal nach Taschengeld fragte, wies er mich barsch zurück. „Wenn du Geld haben willst, dann musst du es eben selbst verdienen!", fuhr er mich an. Ich war damals noch keine zehn Jahre alt.

Kurze Zeit später lernte ich eine Dame aus unserer Nachbarschaft kennen, für die ich einmal in der Woche einkaufen durfte. Als Lohn erhielt ich 50 Pfennige, wovon ich mir dann Süßigkeiten leisten konnte.

Nach dem Einkaufen hatte ich etwas Freizeit, und die verbrachte ich in erster Linie auf den Spielplätzen der Nachbarschaft, wo ich mich mit meinen Kameraden traf. Mit zu uns nach Hause durfte ich niemanden bringen; das war tabu. Mein Vater schämte sich wahrscheinlich für die bescheidenen Verhältnisse, in denen wir lebten.

Armut prägte unser Leben. Ständig mussten wir rechnen und Preise vergleichen. Ganz schlimm wurde es immer, wenn unsere Schuhe kaputtgingen. Für neues Schuhwerk war nämlich in der Regel kein Geld vorhanden. Oma weinte oft, weil sie einfach nicht wusste, wie sie mit uns über den

Monat kommen sollte. Manchmal war schon am 20. des Monats kein Geld mehr da. Irgendwie schafften wir es aber doch jedes Mal. Ich staune noch heute, wie meine Oma uns immer wieder über die Runden brachte, und bin ihr dafür sehr dankbar.

Natürlich gab es auch schönere Tage. Ein Höhepunkt war jeden Monat, wenn die Rente auf Großmutters Konto überwiesen wurde. Dann schickte Oma mich zum Fleischer und ich durfte Wiener Würstchen kaufen. Die gab es zusammen mit frischem Brot. Was für ein Festessen! Für viele ist das sicher nichts Besonderes, aber noch heute, wenn es bei uns Wiener Würstchen gibt, denke ich an diese Zeit zurück.

Seitdem mein Vater meinem Bruder und mir eröffnet hatte, dass meine Oma schwer krank sei, lebte ich in einer großen Angst. Vater hatte uns gesagt, dass sie vielleicht nur noch zwei Jahre zu leben hätte. Ich war damals erst zehn oder elf und wachte jeden Morgen mit dem Gedanken auf, was wohl sein würde, wenn Oma nicht mehr da wäre. Sie lebte dann aber doch noch fünf Jahre.

Meine Großmutter war damals für mich und meinen Bruder die einzige wirkliche Ansprechpartnerin. Die Angst, dass wir diesen fürsorglichen Menschen, den wir so sehr liebten und der sich um uns kümmerte, verlieren könnten, war bei uns Kindern daher natürlich groß.

Dass wir beiden Jungs uns keinen Luxus leisten konnten, daran waren wir gewöhnt. Was mir allerdings zu schaffen machte, war, dass ich die Klamotten meines älteren Bruders auftragen musste, wenn sie ihm zu klein geworden waren. Natürlich wollte ich auch mal eine neue Jeans oder einen neuen Pullover haben, aber das war fast nie drin.

Ich erinnere mich an das Jahr 1974 – damals war ich zehn Jahre alt. Die Tierhandlung meines Vaters ging pleite. Immer wieder klingelte in dieser Zeit der Gerichtsvollzieher bei uns an der Haustür. Das war für uns alle jedes Mal eine peinliche Situation. Meine Großmutter führte den Mann dann durch die Wohnung und manchmal nahm er etwas mit oder klebte den legendären „Kuckuck" auf Möbel – das Pfandsiegel, das deutlich machte, dass das entsprechende Inventar nicht mehr uns gehörte. Oft versuchten wir, mit dem Gerichtsvollzieher zu reden. Er war kein kaltherziger Mensch, er zeigte häufig auch Mitleid mit uns. Natürlich wusste er, dass Kinder nichts für die Schulden ihrer Eltern können. Der Gerichtsvollzieher erkannte durchaus auch an, dass mein Vater sich sehr viel Mühe gab, um allen Verpflichtungen nachzukommen, aber Recht ist Recht – und diejenigen, die von uns Geld wollten, hatten ja einen Anspruch darauf.

Unsere schlechte finanzielle Situation nagte natürlich an meinem Vater, und so zeigte sein Nervenkostüm leider häufig tiefe Risse. Jedes Mal, wenn ich schlechte Noten nach Hause brachte oder eine mittelmäßige Note im Zeugnis hatte, wusch er mir ordentlich den Kopf. Schlimmeres hätte mir geblüht, wenn er mich beim Rauchen erwischt hätte. Er, der Kettenraucher, hatte uns den Tabakkonsum strengstens untersagt. Aber ich bin nie erwischt worden.

Einmal bekamen mein Bruder und ich richtig Ärger mit meinem Vater. Wir waren einkaufen gewesen. Jeder von uns Jungs schleppte eine Tüte. Es war ein wunderschöner Tag, und wir kamen an einem Spielplatz vorbei, auf dem auch einige unserer Freunde spielten. Wir dachten, es würde sicherlich nicht schaden, wenn wir uns etwas Spaß gönnten, und so stellten wir die Tüten ab, um uns unseren Kumpels anzuschließen. Über dem Spielen vergaßen wir jedoch vollkommen die Zeit – und auch unsere Einkaufstüten. Wir hatten nicht mitbekommen, dass andere Kinder sie entdeckt und sich daran zu schaffen gemacht hatten. Plötzlich stand völlig unerwartet unser Vater vor uns. Noch nie zuvor hatte er sich auf einem Spielplatz blicken lassen. Ausgerechnet heute hatte er früher Feierabend gemacht.

Er schrie uns an, wir sollten die Tüten nehmen und mit ihm nach Hause gehen. Wie in Trance schnappten wir die Reste der Lebensmittel und folgten ihm steifbeinig und ängstlich. In der Wohnung angekommen mussten wir dann die Hosen herunterlassen und es setzte Hiebe auf den nackten Hintern – mit dem Hosengürtel unseres Vaters. Zu seiner Ehrenrettung sei gesagt: Wir haben sonst nicht viel Prügel von ihm bekommen, obwohl er immer sehr streng mit uns war.

Mein Vater musste sich, nachdem meine Mutter ausgezogen war, mehr oder weniger als Einzelkämpfer durchschlagen. Ich kannte ihn nicht anders, immer nur als Kämpfer. Ich bewunderte ihn dafür irgendwie, doch gleichzeitig litt ich darunter, wie ihn die permanente Anspannung im Kampf ums nackte Überleben hart machte. Familie fand für ihn nur noch in den wenigen freien Minuten statt, die er für uns hatte. Erst viel später – ich lebte damals schon lange nicht mehr bei ihm – bekam er sein Leben besser in den Griff.

Trotz dieser Schilderungen von Sorge, Armut und Strenge darf man sich mein Leben nicht allzu depressiv vorstellen. Ich interessierte mich als Kind für vieles, weshalb ich in der Schule in aller Regel ganz ordentliche Ergebnisse zustande brachte. Zu den faszinierenden historischen Gestalten, die mir meine Lehrer näherzubringen versuchten, gehörte der Reformator Martin Luther. Er hatte es mir besonders angetan und er begeistert mich bis heute. Da war einer bereit, praktisch alles über Bord zu werfen, was in seiner Zeit, in seiner Kultur und seiner Gesellschaft Gültigkeit hatte, und das nicht aus blindem Fanatismus, sondern aufgrund gewonnener Erkenntnisse, die er einer Überprüfung unterziehen wollte (darum auch seine legendären 95 Thesen an der Wittenberger Schlosskirche). Er kämpfte gegen eine verkrustete Kirche und riskierte dafür Leib und Leben. Das gefällt mir und solche engagierten Menschen haben die Kirchen bis heute nötig (übrigens auch manche Freikirchen, selbst wenn sie ärmer an Traditionen sind).

Natürlich kann man die damalige Kirche nicht mit der heutigen vergleichen. Die katholische Kirche etwa hat inzwischen vieles geändert, wogegen Martin Luther damals anging. Ich glaube, dass Luther mit seinem Engagement für die Verbreitung der Bibel und der Verbreitung des Glaubens in der Volkssprache das Leben unzähliger Menschen qualitativ reicher gemacht hat – eine Wirkung, die bis heute anhält. An dieser Leidenschaft und Hingabe versuche ich mich heute zu orientieren. Es klingt vielleicht ein bisschen verrückt, aber als Schüler wollte ich selbst ein Buch über den Reformator schreiben. Es blieb der Traum eines Jugendlichen.

Zum Lesen hatte ich eigentlich nur Zeit, wenn ich krank war. Einmal lag ich als Kind 14 Tage mit Fieber im Bett. Unsere ganze Familie hatte die asiatische Grippe. Krämpfe schüttelten meinen Körper. Doch trotz drückender Kopfschmerzen und glühendem Körper las ich während dieser Zeit mit großer Begeisterung. Das Fernsehen spielte damals hingegen keine so große Rolle. Wir konnten drei Programme empfangen, aber die interessierten mich wenig. Kino hätte ich spannender gefunden, aber dafür fehlte das Geld; mit 18 Jahren war ich zum ersten Mal in meinem Leben in einem Kino. Eine entfernte Tante schenkte uns aber hin und wieder Gutscheine für einen Zirkus. Der faszinierte uns Jungs, waren wir doch oft in der Zoohandlung meines Vaters gewesen und hatten so eine gewisse Affinität zu Tieren. Die Zirkusbesuche beflügelten meine Fantasie: Es gab mal eine kurze Zeit, in der ich mir wünschte, später in einem Zirkus zu arbeiten. Die Manege vermittelte mir das Gefühl von Freiheit und Abenteuer. Vor allem die Vorstellung, dass Zirkusleute viel reisen, hatte es mir angetan, denn ich kam fast nie aus meinem Kiez heraus. Hamburg St. Pauli war alles, was ich bislang von der Welt gesehen hatte. Andere Länder, andere Kontinente kannte ich allenfalls aus Träumen.

Einen allerbesten Freund, einen Kumpel, mit dem ich alles teilte, hatte ich in meiner Kindheit nicht. Einen Freund hatte ich allerdings, einen Portugiesen, den ich in der siebten Klasse kennenlernte. Wir unternahmen hin und wieder etwas zusammen. Morgens ging ich immer schon ganz früh aus dem Haus, um noch vor der Schule bei ihm vorbeizuschauen. Oft habe ich ihn erst geweckt. Während er sich fertig machte, saß ich zusammen mit seiner Mutter am Frühstückstisch und wartete auf ihn. Dann ging es ab in die Schule. An den Wochenenden unternahm mein Freund schon mal etwas mit seiner Familie – und ich musste in Hamburg bleiben.

Eines Tages kam meine Großmutter oder mein Vater (ich weiß das nicht mehr so genau) auf die Idee, ich müsse Kampfsport betreiben. Ich war ein sehr schmächtiger Junge und wurde des Öfteren von halbstarken Jungs, die auf St. Pauli abhingen, verprügelt. Oma und Vater gaben mir den Monatsbeitrag für die ersten vier Wochen, und los ging es. Ich trug einen Judoanzug, der mir eigentlich zu groß war, was mich aber nicht daran hindern konnte, mit vollem Elan zu trainieren. Ich übte viel und machte bei jedem Training begeistert mit. So lernte ich in dieser Zeit, mich zu verteidigen.

Eines Tages wollte mich ein Schlägertyp aus meiner Klasse umhauen, ohne auch nur im Ansatz einen Grund zu haben. Ihm war einfach nur langweilig. Zum ersten Mal konnte ich einen der Griffe, die ich beim Judo gelernt hatte, anwenden, und der lange Kerl, der mir körperlich eigentlich weit überlegen war, flog durch die Luft und landete auf dem Boden. Damit hatte ich mir in der Schule Respekt verschafft. Jetzt war ich wer. Das Training stärkte mein angekratztes Selbstvertrauen. Ohne eine Ehrenrunde schaffte ich die mittlere Reife, meinen ersten Schulabschluss. Mein Zeugnis war ganz gut, das Gymnasium blieb mir dennoch verschlossen. Ich musste arbeiten und wollte dann auch Geld verdienen, um unabhängig von meiner Familie zu sein.

Eine Kindheit auf St. Pauli

St. Pauli – damit verbinden die meisten Menschen Reeperbahn, Vergnügungsviertel, billigen Sex. Der Stadtteil ist allerdings größer als der berüchtigte Kiez. In dieser Ecke Hamburgs bin ich aufgewachsen. Ich bin das, was man einen waschechten St. Paulianer nennt. Noch heute komme ich gerne und immer wieder hierher zurück. St. Pauli ist und bleibt meine Heimat.

Der Ort ist immer mehr gewesen als Bordelle und Schmuddelkinos. Das Bürgertum hatte seine Straßen, die Arbeiter ebenfalls. Durch das Engagement für Kinder hat sich meine Verbindung dorthin wieder intensiviert, etwa mit den „Kinderpartys", die ich hier im Jesus Center, einem Kooperationspartner der Hamburger Arche, organisiere. Ich möchte meinem Kiez das zurückgeben, was er mir bei allen Schwierigkeiten in meiner Kindheit auch gegeben hat.

Viele denken: *St. Pauli ist kein guter Ort für Kinder; dort sollte man nicht aufwachsen müssen.* Richtig ist, dass ich schon sehr früh mit vielen Dingen in Berührung gekommen bin, mit denen ein Kind nicht unbedingt konfrontiert werden sollte. Täglich sah ich die Prostituierten, die Drogenabhängigen, die Alkoholiker auf den Straßen – und leider auch viel Gewalt. Aber immerhin lebten wir nicht im Zentrum von Zuhälterei und käuflichem Sex. In unserer unmittelbaren Nachbarschaft wohnten keine Damen, die dem horizontalen Gewerbe nachgingen. Allerdings bin ich ihnen immer wieder auf den Straßen begegnet, und das schon in sehr jungen Jahren.

Mein damaliges Revier war natürlich auch die Reeperbahn. Nackt habe ich die Damen, die dort arbeiteten, nicht gesehen. In den Schaufenstern vieler Sexshops waren damals „nur" Zeichnungen und unscharfe Fotos nackter Frauen zu erspähen. In den 70er-Jahren spielte sich im horizontalen Gewerbe das meiste noch hinter verschlossenen Türen und zumeist nach Einbruch der Dunkelheit ab. Wenn ich aber in der dunkleren Jahreszeit nach 19:00 Uhr unterwegs war, dann standen die Huren in den Türen der Häuser. Diese Bilder gehörten zu meinem Leben, und ich fand das deshalb auch nicht ungewöhnlich.

Als schwieriger empfand ich den Umgang mit den Drogenabhängigen und den vielen Alkoholikern, die mir schon als Kind häufig begegneten, denn leider war Gewalt bei diesen bedauernswerten Menschen an der Tagesordnung. Fast immer wechselte ich wie automatisch die Straßenseite, wenn ich sie kommen sah. Aufgrund meiner Vorsichtsmaßnahmen ist mir aber nie Schlimmeres passiert.

Damals lebten auch viele türkische und albanische Kinder auf St. Pauli. Ihre Eltern waren oft erst wenige Jahre in Deutschland. Zwischen den Kindern dieser Bevölkerungsgruppen gab es leider immer wieder Streit. Auch viele meiner Kumpels kamen aus der Türkei oder aus Albanien. So lernte ich zwangsläufig Schimpfwörter in deren Sprache. Heute ist mir dieser früh erworbene „Sprachschatz" oft eine große Hilfe. Wenn sich Kinder in der Arche in ihrer Muttersprache beschimpfen, dann verstehe ich immer noch sehr viel, und wenn ich darauf etwas sage, fragen die Streitenden mich oft: „Hey, bischt du Türke?" Dies sind geradezu lustige Momente und so manche aufgeheizte Situation wurde durch meine durchaus fragwürdigen Sprachkenntnisse schnell entschärft.

In fast allen Archen sind bis zu 90 Prozent der Kinder aus Migrantenfamilien; bei ihnen genieße ich ein sehr hohes Ansehen. Ich kann mich allerdings auch gut in die Situation dieser Kinder hineinversetzen. Auch wenn ich selbst kein Migrant bin, Menschen aus sozialen Brennpunkten kenne ich von Kindheit an – ihre Probleme, ihre Mentalität, ihre Überlebensstrategien. Berührungsängste konnten sich in meinen jungen Jahren kaum entwickeln. Das hilft mir bei meiner Arbeit in den unterschiedlichen Archen sehr.

Doch zurück zu meiner Jugendzeit auf St. Pauli. Als ich in die Pubertät kam, machte ich mir natürlich meine Gedanken darüber, was hinter den Türen der billigen Hotels und der Bordelle so alles passierte. Selbstverständlich habe ich auch mit meinen Kumpels darüber gequatscht – über Frauen, die man haben kann, wenn man ein bisschen was dafür bezahlt. Jeder von uns wollte wissen, wie es ist, zu „so einer" zu gehen, und was sich da alles abspielt.

Ich war einfach nur neugierig. Moralische Skrupel haben mich in diesem Umfeld nicht geplagt, ich machte mir als Jugendlicher auf St. Pauli in dieser Hinsicht auch nicht allzu viele Gedanken. Eines Tages nahm ich all meinen Mut zusammen und wagte mich in ein gewisses Etablissement.

Um das Ergebnis gleich vorwegzunehmen: Ich war enttäuscht. Ich weiß nicht einmal mehr, wie viel ich investierte – wahrscheinlich zwischen zehn und zwanzig Mark. Was zwischen der Frau und mir ablief, habe ich atmosphärisch wie einen Besuch beim Gesundheitsamt oder eine amtsärztliche Handlung in Erinnerung. Von Romantik des „ersten Mals" keine Spur. Alles lief so schrecklich mechanisch ab; wir redeten nicht einmal miteinander. Jedenfalls war das kein Ereignis, das nach einer Wiederholung rief. Damit war das Thema für mich abgehakt. Da wollte ich nie wieder hin.

Hätte ich zu dieser Zeit in einer kleinen Stadt irgendwo im Münsterland oder im Bayerischen Wald gelebt, wäre ich wahrscheinlich gar nicht erst auf die Idee gekommen, zu einer Prostituierten zu gehen. Doch die Lebenseinflüsse, die ganzen Freunde und das Umfeld prägten natürlich sehr. Sex, Drogen und Alkohol waren allgegenwärtig.

Allerdings: Selbst Drogen ausprobiert habe ich nie. Noch überraschender: Ich war nie in meinem Leben betrunken. Das, was ich tagtäglich in meinem Umfeld beobachten musste, hat mich einfach zu sehr abgestoßen.

Anders sah es mit dem Rauchen aus. Damit fing ich bereits im Alter von elf Jahren an. So ungefähr zehn Zigaretten waren es täglich. Man konnte die Fluppen damals noch einzeln kaufen und wir Kinder haben auch viele der Glimmstängel auf den Straßen geschnorrt. Es war sehr leicht, an Zigaretten heranzukommen. Mein Vater, der damals selbst Kettenraucher war, hätte mich niemals beim Rauchen erwischen dürfen – dann hätte es mit Sicherheit Prügel gesetzt. Abgewöhnt habe ich mir dieses Laster erst mit 18 Jahren.

Es gab aber glücklicherweise auch noch andere Einflüsse in meinem Leben, die meinen Werdegang positiv beeinflusst haben. Bereits mit zwei Wochen wurde ich getauft – im Hamburger Michel, einer der bekanntesten Kirchen Deutschlands. Warum mich meine Eltern haben taufen lassen, weiß ich im Grunde nicht. Vermutlich aus unreflektierter volkskirchlicher Traditionspflege. Das gehörte einfach dazu. Denn religiös waren meine Mutter und mein Vater nun wirklich nicht, über Gott und Jesus haben wir zu Hause kaum gesprochen.

Irgendwann nahm ich dann zum ersten Mal bewusst Glockengeläut in meiner Nachbarschaft wahr. Ich muss so um die elf Jahre alt gewesen sein. Ein seltsamer Moment, denn geläutet hatten diese Glocken selbstverständlich in all den Jahren zuvor auch. Aber in dieser besonderen Stunde machten sie mich auf einmal neugierig. Was passierte hinter den hohen Mauern dieser Kirche in unserer Nachbarschaft? Was konnte man dort erleben?

Ich ging zu meinem Vater und fragte ihn, ob er etwas dagegen hätte, wenn ich einmal in die Kirche ginge. Viele Eltern wären ja froh, wenn ihr Kind sie so etwas fragen würde – auch wenn sie selbst gar nichts glauben –, einfach weil sie sich von der Kirche Werteerziehung und ein positives Umfeld erhoffen. Nun hatte mein Vater mit Gott und Kirche tatsächlich nicht viel am Hut. Er reagierte auf meine Frage nicht unwirsch, aber er bat sich eine Bedenkzeit von einer Woche aus. Am Ende dieser Woche wollte er antworten. Ich vermute, das war Taktik. Wahrscheinlich dachte er, ich sei mit meiner Frage nur einem spontanen Impuls gefolgt und würde die Sache schnell wieder vergessen. Aber eine Woche später fragte ich ihn erneut und er überraschte mich mit einer Erlaubnis: „Dann geh doch einfach hin."

Genau das machte ich am Sonntag darauf. Als einer der ganz wenigen Minderjährigen saß ich im Gottesdienst zwischen überwiegend älteren Besuchern. Die Atmosphäre des Gotteshauses, die biblischen Lesungen, die fremden und doch auch interessanten Lieder, ja, sogar die Predigt sprachen mich auf eine Weise an, die ich heute kaum mehr erklären kann. Kurzum: Ich fand das alles spannend genug, um künftig jeden Sonntag zur Kirche zu gehen – und das bis zu meiner Konfirmation mit 14.

Der Konfirmandenunterricht machte mir sehr viel Spaß, daran erinnere ich mich sehr gut. Ich hatte liebe Menschen gefunden, ein vergleichsweise freundliches Umfeld. Meine Suche nach Gott hatte dagegen noch gar nicht richtig begonnen. Um Gott ging es mir bei meinen Kirchenbesuchen auch nicht wirklich. Die Kirche war einfach eine gute

Alternative zu meinem ansonsten eher langweiligen Leben. Aber auch Kirche kann langweilig werden. Nach der Konfirmation brach ich schließlich auch die Besuche ab. Die Hamburger Straßen und Plätze wirkten auf den Teenager Bernd erheblich spannender. Dort war das pralle Leben, dort waren Kumpels, Freunde.

In den Monaten nach der Konfirmation kristallisierte sich auch mein etwas eigentümlicher Berufswunsch heraus: Ich wollte Profimusiker oder Orchesterdirigent werden. Zu diesem Zeitpunkt hätte ich vermutlich auch Astronaut oder Bundeskanzler sagen können – meine Voraussetzungen wären ähnlich gut gewesen. Denn ich hatte keine musikalische Ausbildung genossen. Wir hatten nicht einmal das Geld, dass ich ein Musikinstrument lernte, obwohl ich so gerne die Posaune gespielt hätte. Mein autodidaktischer Ehrgeiz reichte gerade einmal dazu, mit einem von mir zum Dirigentenstab erklärten Stock vor dem Radio zu stehen und in der Luft herumzufuchteln. Aber auch wenn ich Musik nicht selbst machen konnte – sie wurde mein großes Ziel. Mein Idol war Elvis Presley.

Irgendwann erzählte mir mein älterer Bruder von der Heilsarmee. Dort könne man kostenlos Musikunterricht nehmen, schwärmte er. Damals war ich 15 Jahre alt. In dieser Zeit besuchte er auch eine ältere Dame, die sich auf St. Pauli eine kleine Ladenwohnung angemietet hatte, Kontakt zur Heilsarmee pflegte und ein großes Herz für Kinder hatte. In diesem Ladenlokal trafen sich Kinder und Jugendliche, um gemeinsam zu spielen und miteinander zu reden. Die Dame hatte schon früh gemerkt, dass viele Kinder sich selbst überlassen auf der Straße rumhängen. Im Rückblick sehe ich, dass ich bei ihr einen Urtyp der Arche-Arbeit kennenlernte.

Zu dieser Dame ging mein Bruder regelmäßig und eines Tages schleifte er mich einfach mit. Alle zusammen gingen wir dann an einem Sonntag in einen Gottesdienst der Heilsarmee. Dort spielte eine Musikkapelle. Ich war begeistert. Die Stücke rissen mich sofort mit. Der Gottesdienst war sehr gut besucht; es müssen so um die 200 Gläubige gewesen sein, die dort zusammengekommen waren. Für die Predigt und die Texte der Lieder interessierte ich mich kaum, mich faszinierte einfach nur die Musik an sich.

Unmittelbar nach dem Gottesdienst stürmte ich auf den Kapellmeister zu. „Können Sie mir Musikunterricht geben?", fragte ich ihn direkt. Dazu muss man wissen, dass man in der Heilsarmee eigentlich nur dann ein Instrument erlernen darf, wenn man auch Mitglied der Heilsarmee ist. In diesem Fall erhält man ein Instrument und darf es zum Üben mit nach Hause nehmen. Das wusste ich zu dem Zeitpunkt jedoch nicht. Folgerichtig hätte der Kapellmeister aber in etwa sagen müssen: „Mein lieber Junge, lass uns erst mal gegenseitiges Vertrauen aufbauen, und dann fangen wir mit dem Unterricht an." Aber stattdessen lud mich der Mann ein, sofort mit dem Unterricht zu beginnen. Ich war überglücklich, immerhin schien einer meiner größten Träume wahr zu werden.

Von nun an hatte ich also mittwochs Posaunenunterricht. Leider zeigte ich mich anfangs sehr unmusikalisch und so manchen Ton traf ich nicht. Trotzdem fragte mich der damalige Jugendpastor irgendwann in aller Geduld, ob ich nicht auch zum Gitarrenunterricht kommen wollte. Ich war froh über jede Chance, ein weiteres Instrument zu erlernen, also sagte ich zu.

Mit der Posaune waren mir auch nach einer Weile keine großen Erfolge beschieden. Nach einem Jahr musste ich deshalb mit dem Unterricht aufhören. Mein Talent reichte einfach nicht aus. Der Kapellmeister hatte sich wirklich alle Mühe gegeben, doch leider vergebens. Ich fing dann mit der

Trompete an, und mit diesem Instrument klappte es etwas besser. Allerdings muss ich sagen, dass meine Nachbarn vermutlich qualvolle Stunden zu durchleiden hatten, bevor ich einigermaßen die richtigen Töne traf. Für deren Probleme fehlte mir in jener Zeit allerdings jegliches Gespür. Ich ging in meiner Musik voll auf; darüber vergaß ich alles um mich herum. Auch meine Fertigkeiten an der Gitarre profitierten von den wachsenden Trompetenkenntnissen. Durch den Musikunterricht hat die Heilsarmee wichtige Grundlagen für mein musikalisches Verständnis gelegt, wofür ich sehr dankbar bin. Und viele Musikliebhaber sollten wiederum dankbar sein, dass es letztlich doch nichts mit meiner Karriere als Profimusiker wurde. Auch das hat mit dem Einfluss der Heilsarmee auf mein Leben zu tun.

Wer die Heilsarmee nicht kennt, bei dem lösen die Frauen und Männer in Uniform oft zwiespältige Gefühle aus. Hier vereinen sich Militärisches und Religiöses, Disziplin und Barmherzigkeit, Strenge und Liebe. Die meisten Zeitgenossen finden das skurril, weil sie bei Christen entweder den Mutter-Teresa-Typen erwarten (kann man sich Mutter Teresa ernsthaft in militärischer Uniform vorstellen?) oder selbstgerechte Spießer, denen das Wohlergehen anderer egal ist. „Suppe, Seife, Seelenheil", so lautet das Motto, mit dem diese sanfte Armee Gottes auf solche Menschen zugeht, für die sich ansonsten keiner interessiert und die böse Zungen sogar als den „Abschaum" der Gesellschaft bezeichnen.

Auf St. Pauli kennt jeder die Heilsarmee; ihre Mitglieder sind überall präsent. Und es kursieren allerlei Gerüchte über die „Soldaten Gottes", weshalb sie für mich in meinen Jugendzeiten zunächst sogar etwas Verruchtes an sich hatten. Hinter vorgehaltener Hand erzählte man sich, das seien ehemalige Alkoholiker, die nun durch die Kneipen zögen, um die Menschen von ihren Lastern zu befreien – zuerst selbstverständlich vom Rauchen und vom Trinken. Dass die Heilsarmee eine christliche Kirche ist, die sich schlicht und einfach besonders um Randgruppen kümmert, das wusste ich damals nicht.

Aber ich muss diesen frommen Menschen in Uniform einen Dank aussprechen. Bei ihnen habe ich gelernt, dass es sich lohnt, um jeden einzelnen Menschen zu kämpfen. Dass ich das schon so früh erfahren durfte, hat mich in meiner späteren Arbeit für die Arche geprägt. Schon immer, seit ihrer Gründung im Jahr 1865 durch den methodistischen Pfarrer William Booth, hat sich diese Freikirche für die Ärmsten der Armen eingesetzt. Seit 1878 ist sie unter dem Namen Heilsarmee bekannt. Die Mitglieder der Heilsarmee ziehen seitdem durch die Kneipen, um sich um die Prostituierten und die Obdachlosen zu kümmern. In Hamburg gab es in einem Haus der Heilsarmee eine ganze Etage, in der man Obdachlose betreute. Dort konnten diese sich waschen, pflegen und bei Bedarf auch medizinisch behandeln lassen.

Ich erinnere mich an einen Großbrand in einer bekannten Hamburger Diskothek. Sechs Löschfahrzeuge waren im Einsatz und die Heilsarmee kümmerte sich um die Verpflegung der Feuerwehrleute und der Anwohner. Ich war selbst als Helfer dabei. Die Aktion hat mir damals sehr imponiert. Ich durfte und konnte helfen, ich, der kleine unbedeutende Bernd Siggelkow. Das gab mir ein gutes Gefühl.

Man hat mich vom ersten Tag an herzlich aufgenommen und mit einbezogen. Das fand ich cool. Die Mitglieder der Heilsarmee bedankten sich nach solch einer Aktion wie der beschriebenen bei mir. Hier fand ich die Anerkennung, die ich zu Hause nicht hatte.

In dieser Zeit war ich sehr glücklich. Vor allem die zahlreichen Aktivitäten wie Gottesdienste, Freiveranstaltungen, Ausflüge und Musicals gefielen mir sehr. Was die

Heilsarmee inhaltlich zu vermitteln hatte, interessierte mich anfangs weniger. In meiner Freizeit ging ich auch weiter in das Ladenlokal dieser älteren Dame, die sich um Kinder und Jugendliche kümmerte. Inzwischen gab es hier zwei Kinder- und Jugendgruppen. Viele der Kinder schauten zu mir auf, und das gefiel mir natürlich sehr. Bei den größeren Kids, die etwa in meinem Alter waren – also um die 16 –, fand ich auch einige Freunde.

Dann kam der Tag, der mein Leben verändern sollte. Mein Jugendleiter bei der Heilsarmee lud mich zu einem Spaziergang ein. Als wir nach dem Spaziergang bei ihm zu Hause Tee tranken, stellte er mir eine Frage: „Sag mal, Bernd, weißt du eigentlich, dass es jemanden gibt, der dich liebt? Weißt du, dass *Gott* dich liebt?"

Diese Frage kam so unverhofft, sie haute mich förmlich um. Aber dann fiel der Groschen. In diesem Moment hatte ich etwas verstanden. Ich wusste, was mir fehlte: Liebe. Diesen Augenblick werde ich wohl nicht mehr vergessen. Mir fiel es wie Schuppen von den Augen. *Liebe! Geliebt zu werden! Junge, das ist das, was dir immer gefehlt hat,* dachte ich.

Natürlich wusste ich, dass mein Vater und meine Großmutter mich liebten, auch wenn sie es vielleicht nicht so zeigen konnten. Doch nun war da plötzlich mein Jugendleiter, zu dem ich aufschauen konnte, und der sagte mit ganz einfachen Worten: „Weißt du, dass Gott dich liebt?"

Bis zu diesem Zeitpunkt konnte ich mit Gott nicht viel anfangen. Er war ja weit weg im Himmel und ich auf der Erde, in Hamburg auf St. Pauli. Das musste ich erst einmal verarbeiten: *Da gibt es einen Gott im Himmel und der liebt dich.*

Aber mein Jugendleiter sagte noch mehr: „Dieser Gott hat seinen Sohn für dich auf die Welt geschickt!"

Auf einmal wurde aus den ganzen Versatzstücken religiöser Prägungen – die Gottesdienstbesuche, das Hören biblischer Geschichten, religiöse Unterrichtsinhalte an der Schule – ein großes und eindrückliches Bild. Ein Bild, das ich verstehen konnte. Weihnachten und Ostern – vorher verordnete Ruhetage, die durchaus Langeweile in sich trugen – hatten plötzlich einen tieferen Sinn, weil sie an Jesus Christus, seine Geburt, sein Sterben, seine Auferstehung erinnern. Ich dachte in diesem Moment auch an meinen Konfirmandenunterricht.

Liebe! Es gibt einen Gott, der die Menschen liebt – das stellte mir dieser Jugendleiter vor Augen –, und es leuchtete mir ein. Mir schien es sinnvoll, dieser Aussage zu vertrauen. Ein Gott, der mich liebte und Interesse an meinem Leben hatte? Den wollte ich kennenlernen und erleben. Und dann betete ich. Ich steckte meinen ganzen Frust – und davon hatte ich damals sehr viel – in dieses Gebet. Wenn es nicht so unfromm klänge, würde ich sagen: Ich habe mich „ausgekotzt". Alles, was mir auf der Seele brannte, packte ich in dieses Gebet. Ich glaube, Gott musste sich da einiges anhören, was liturgisch nicht korrekt war, aber aus einem aufrichtigen Herzen kam. Und dieses erste bewusste, mit dem Vertrauen eines Erwachsenwerdenden gesprochene Gebet – es hat mir geholfen und gutgetan.

Mein damaliger Jugendleiter kam aus Norwegen. Er war selbst erst so um die 20 Jahre alt, also nur rund vier Jahre älter als ich. Er wollte Pastor werden und hospitierte zwei Jahre bei der Heilsarmee. In diesen zwei Jahren baute er die Jugendarbeit der Heilsarmee in St. Pauli mit auf. Er wurde mir ein guter Freund. Aber auch dieser etwas erfahrenere Christ konnte mir keine Gebrauchsanweisung für das Christsein mit auf den Weg geben. Diesen Weg musste ich schon selbst finden. Stück für Stück versuchte ich, mein Leben zu verändern.

Allerdings hatte ich natürlich Wegbegleiter, Menschen, die mir halfen und mich unterstützten.

In der Gemeinschaft der Heilsarmee gab es selbstverständlich sehr unterschiedliche Typen. Es gab auch solche, die aus der Bibel Antworten auf Lebensfragen herauslasen, die es zu biblischen Zeiten noch gar nicht gab. Sie gaben mir viel Stoff zum Nachdenken – doch habe ich mir meinen eigenen Weg gesucht und ihn auch gefunden. Das war nicht immer leicht – insbesondere, wenn man bei manchen Entscheidungen gegen die vorherrschende Meinung von Menschen stieß, die schon viel länger Christen waren als man selbst. Doch schulte das mein Denken und befähigte mich, im Zweifelsfall auch mal einen Alleingang zu wagen – eine Eigenschaft, ohne die es wahrscheinlich nie zur Gründung der Archen gekommen wäre.

„You're in the army now"

Als ich die Schule verließ, hatte ich mehrere Optionen, was meine Ausbildung anging. Es gab verschiedene Hamburger Firmen, bei denen ich als Stift hätte anfangen können. Ich entschied mich schließlich für den Beruf des Konditors. Warum ich diese Wahl traf, weiß ich bis heute nicht. Eigentlich hatte ich auf diesen Job keine Lust, denn bekanntlich ist er mit sehr frühem Aufstehen verbunden.

Dann bekam ich ein tolles Angebot. Bevor es mit der Ausbildung in der Bäckerei losgehen sollte, erhielt ich die Möglichkeit, für einen Monat in der Firma meines Vaters zu jobben. Es war natürlich nicht wirklich das Unternehmen meines Vaters, er hatte nur in diesem Baumarkt kurz vorher eine Anstellung gefunden. Für meine Aushilfsarbeit sollte ich 1.000 Mark bekommen. Ein unfassbarer Betrag. 1.000 Mark! Das klang in meinen Ohren fast wie „eine Million", ein Sechser im Lotto. Ich fing also an, in dem Baumarkt zu jobben, und unterschrieb den Ausbildungsvertrag bei der Konditorei, in der ich einen Monat später meine Lehre beginnen wollte.

Die Arbeit im Baumarkt machte mir sehr viel Spaß. Ich hatte Kontakt zu vielen Menschen, zu Mitarbeitern und Kunden, und ich war sehr beliebt. Nach drei Wochen bekam ich dann tatsächlich das Angebot, dort eine Ausbildung anzufangen. Ich machte einen Luftsprung und sagte der Konditorei frohen Mutes wieder ab.

In dem Baumarkt wurden überwiegend Werkzeuge und Maschinen verkauft. Die Firma hatte verschiedene Filialen, eine davon auf St. Pauli in der alten Flora, einem sehr geschichtsträchtigen Ort. Nebenan liegt übrigens das Jesus Center, mit dem die Arche heute sehr eng kooperiert. Immer wenn ich das Jesus Center besuche, sehe ich meinen alten Arbeitsplatz wieder. Das Gebäude ist heute zwar eine Ruine, es erinnert mich aber jedes Mal an eine wunderschöne Zeit.

Von Werkzeugen und den anderen Artikeln, die im Baumarkt angeboten wurden, hatte ich damals keinen Schimmer. Ich musste den Job also wirklich von der Pike auf erlernen. Aber er machte eine Riesenfreude. Ich ackerte viel, und das mit dem Gefühl, dass sich das alles lohnen und für mich ausbezahlen würde. Da, unmittelbar nachdem ich meine Lehre angetreten hatte, mein Ausbildungsleiter seinen Job kündigte, war ich mehr oder weniger mein eigener Ausbildungsleiter. Zu meiner Ehrenrettung muss ich allerdings sagen, dass ich mit der Kündigung nichts zu tun hatte.

Gleich zu Beginn meiner Ausbildung hatte ich dann einen dicken Krach mit meinem Vater. Ich saß mit ihm und meinem Bruder an einem Sonntagmorgen am Frühstückstisch. Meine Großmutter lag zu dieser Zeit im Krankenhaus; ihr ging es gesundheitlich mittlerweile sehr schlecht. Ich kann mich noch genau an die Situation erinnern: Ich hatte Lust auf frische Brötchen, doch im Brotkorb lag nur uraltes Brot. Es war mindestens eine Woche alt und hart wie Stein. Mir war der Appetit vergangen, und das sagte ich meinem Vater genau so. Dabei schauten wir einander in die Augen. Ich wusste, was jetzt kommen würde. Und tatsächlich: Mein Vater rastete vollkommen aus. Er schrie mich an und warf mir an den Kopf, wenn mir etwas nicht passen würde, dann könnte ich ja ausziehen.

Das nahm ich wörtlich. Ohne einen Bissen gegessen zu haben stand ich auf und verließ die Küche. Ich rief einen Freund an – den Sohn meines Kapellmeisters bei der Heilsarmee – und fragte ihn, ob ich bei ihm pennen könnte. Natürlich musste er noch seinen Vater fragen, denn wir waren ja erst knapp 16 Jahre alt. Der sagte aber glücklicherweise Ja. Dann ging ich auf mein Zimmer, packte die Koffer und war wenige Minuten später im strömenden Regen auf dem Weg zu meiner neuen Unterkunft. Die Familie meines Freundes nahm mich zumindest für das Wochenende in ihrer Wohnung auf. Der Vater war übrigens Polizeifahrer im Hauptberuf und nur ehrenamtlicher Kapellmeister bei der Heilsarmee.

Am Montag stellte sich dann heraus, dass in einer Wohnung der Heilsarmee auf St. Pauli ein Zimmer frei wurde. Dort zog ich einen Tag später ein. So dauerte meine „Obdachlosigkeit" nicht einmal vierundzwanzig Stunden.

Nun stand ich also ganz auf eigenen Beinen. Das Leben war schön, aber stressig. Im Baumarkt beschäftigten mich der Verkauf der unterschiedlichen Artikel, die Akquise von Waren, das Einräumen von Regalen und das Kassieren. In meiner Freizeit trainierte ich nach wie vor im Judoklub und zusätzlich fing ich mit Kung-Fu an.

Nach einer Weile wurde das alles aber ein bisschen viel. Bis 19:00 Uhr hatte ich im Baumarkt zu tun, dann reichte die Kraft nur noch selten, um den Tag sportlich ausklingen zu lassen. Außerdem gab es da auch noch die Heilsarmee in meinem Leben und ich war so etwas wie der Hansdampf in allen Gassen. Ich tanzte damals wirklich auf vielen Hochzeiten. Also hörte ich zu Beginn des zweiten Ausbildungsjahres mit dem Kampfsport auf.

Die Aktivitäten bei der Heilsarmee nahm ich sehr ernst. Ich wollte entdecken, was es heißt, Christ zu sein, wollte durchdringen zu einem sinnerfüllten Leben in Verbindung mit meinem Schöpfer. Ich war mir sicher, dass mir das Engagement in der Heilsarmee auf diesem Weg helfen würde. Die Aktivitäten machten auch richtig Spaß. Einmal die Woche organisierte ich dort eine Kinderparty. Wöchentlich besuchte ich auch den Jugendkreis, und dann war da ja noch mein Gitarrenunterricht. Darüber hinaus ging ich weiterhin regelmäßig zwei- oder dreimal in der Woche zu dieser alten Dame, die auf St. Pauli die Kinder und Jugendlichen betreute, die es zu Hause sehr schwer hatten. Mittlerweile half ich ihr bei ihrer Arbeit. Auch hier war ich also stark eingebunden.

Oft kehrte ich erst am späten Abend, nicht selten nach 23:00 Uhr, in meine Wohnung zurück. Anschließend sah ich noch ein wenig fern, meist bis Mitternacht. Länger ging das Programm damals nicht. Dann ertönte die deutsche Nationalhymne aus der Flimmerkiste und ich schlief ein. Die Nationalhymne war sozusagen mein Betthupferl. Wenn ich sie heute höre, dann denke ich immer noch an meine Lehrjahre auf St. Pauli.

Später, nachdem ich der Heilsarmee offiziell beigetreten war, nahm ich mir dann in deren Haus eine größere Wohnung.

Die anfängliche Zeit bei der Heilsarmee sollte mein Leben und meinen Glauben nachhaltig prägen. Die „Soldaten Gottes" waren sehr authentisch. Die meisten von ihnen waren nicht schon von klein auf im christlichen Glauben erzogen worden, sondern hatten irgendwann eine Lebenswende vollzogen. Man kann sie wohl als Bekehrte bezeichnen. Viele von ihnen haben spannende Biografien, aber noch besser gefielen mir ihre Aktivitäten auf den Straßen, in den Kneipen und Cafés. Es gab Straßenfeste und Gespräche mit unzähligen Menschen an den verschiedensten Orten.

Nur mit einer Sache kam ich nicht klar, und damit habe ich auch bis heute Probleme: Es fällt mir bis auf diesen Tag schwer, andere Menschen um Geld zu bitten. Die Mitglieder der Heilsarmee sind jedoch dafür bekannt, dass sie mit Sammeldosen durch Kneipen und Straßen ziehen. Es ist ja kein Betteln, wenn die Soldaten der Heilsarmee Leute ansprechen. Sie sammeln Geld für ihre tätige Nächstenliebe. Die Heilsarmee lebt von der Hilfe Gottes und von den Spenden der Menschen. Ihr finanzielles Überleben ist zu keinem Zeitpunkt gesichert, immer wieder muss sie darum kämpfen. Das ist übrigens in der Arche nicht anders. An jedem Tag müssen wir neu darum kämpfen zu überleben.

Eines beeindruckte mich am Anfang meiner Zeit bei der Heilsarmee ganz besonders: Dort gab es Menschen, die die anderen höher achteten als sich selbst. Sie hatten immer ein offenes Ohr, wenn andere mit ihren Problemen zu ihnen kamen. Ein Vorfall aus dieser Zeit ist mir bis heute in Erinnerung geblieben. Es gab eine Schießerei in einem Eroscenter. Viele verstörte „Kunden" des Bordells rannten aus dem Haus und einer stand dann schließlich vor dem Gebäude der Heilsarmee. Ohne den ernsten und blutigen Hintergrund hätte es eine Szene aus einer Komödie sein können: Der Mann suchte nach einem unterbrochenen „Schäferstündchen" nur halb bekleidet bei den „Soldaten Gottes" Zuflucht. Die Türen öffneten sich sofort und er bekam Hilfe. Der Mann musste keinen Glaubenstest bestehen oder erst einmal zeigen, zu was für einem frommen Lebenswandel er fähig ist.

Diese Menschenfreundlichkeit begeistert mich bis heute. So halten wir das auch in der Arche. Unser Haus steht allen Menschen offen, die Sorgen und Probleme haben – nicht nur den Kindern.

Aber zurück zu meiner Lehrzeit. Die Zeit verging unglaublich schnell, plötzlich stand meine Gesellenprüfung vor der Tür. Die praktische Prüfung bestand ich mit einer glatten Zwei. Vor der theoretischen Prüfung hatte ich jedoch riesigen Bammel. Wie immer war ich mit meinen schulischen Leistungen zwar zufrieden, aber um mich sicher genug für die Prüfung fühlen zu können, hätte ich einfach mehr tun müssen. So setzte ich mich auf den Hosenboden und lernte täglich mehrere Stunden. *Na ja, wenn es 'ne Vier wird, habe ich zumindest bestanden*, dachte ich am Tag der Prüfung.

Tatsächlich wurde es dann sogar eine Eins. Ich hatte meine kaufmännische Ausbildung mit einer Eins bestanden! Besser ging es nicht. Ich begriff: *Bernd, du musst eben für alles, was du erreichen willst, auch hart arbeiten, dann schaffst du das schon!* Eine Erfahrung, die mir auf meinem weiteren Weg immer wieder half. Das alleine konnte die Eins aber noch nicht erklären. In aller Bescheidenheit musste ich erkennen: Ich hatte in dieser Prüfung bei Weitem mehr Glück als Verstand gehabt.

Die einzige Prüfung, die ich nicht auf Anhieb bestand, war die Führerscheinprüfung. Da war ich genauso nachlässig wie in der Schule, nur rächte sich in diesem Fall meine Faulheit. Ich musste die theoretische Prüfung wiederholen, was mir ziemlich peinlich war. Es hat dann aber doch noch geklappt. Seit dieser Zeit bin ich übrigens ein leidenschaftlicher Autofahrer.

Nach dem Erfolg in der Gesellenprüfung konnte und wollte ich nicht in dem Baumarkt bleiben. Ich hatte das Gefühl, dass ich dort immer der kleine Auszubildende bleiben würde. Also suchte ich mir eine andere Arbeitsstelle und fand sehr schnell eine Anstellung in einer Karstadt-Filiale in Hamburg-Norderstedt, wo ich jedoch nur kurz blieb. Meine beruflichen Träume sahen nämlich anders aus: Ich wollte hauptberuflich bei der Heilsarmee arbeiten. Seit zwei Jahren war ich jetzt Mitglied bei dieser kleinen Armee Gottes und ich fühlte mich dort pudelwohl.

Das Verhältnis zu meiner Familie gestaltete sich indes sehr zwiespältig. Meine geliebte Großmutter war während meiner Ausbildung nach längerem Leiden an ihrer Krebserkrankung gestorben. Von meinem Vater hatte ich mich distanziert. Er hatte inzwischen eine neue Partnerin, die ich allerdings nicht kannte.

Zu meiner Mutter nahm ich eines Tages den Kontakt wieder richtig auf. Da war ich 19 Jahre alt. Sie war doch meine Mutter, und irgendwie war da auch immer noch ein Gefühl von Liebe, obwohl sie uns verlassen hatte. Sie hatte mich immerhin geboren. Also gab ich mir einen Ruck und klingelte an ihrer Haustür. Seitdem sie weggegangen war, hatten wir uns nur unregelmäßig gesehen, und dann auch immer nur auf neutralem Boden. Von ihrem Leben wusste ich nicht viel. Natürlich war ich dementsprechend nervös, als ich vor ihrer Wohnung stand. Doch als sie die Tür öffnete, umarmte sie mich und freute sich aufrichtig, dass ich da war. Ich bin froh, dass ich diesen Schritt gewagt habe, denn heute haben wir ein wirklich gutes Verhältnis und wir sehen uns immer wieder. Allerdings muss ich auch sagen, dass es Jahre gedauert hat, bis wir uns wieder richtig in die Augen schauen konnten. Ich verstehe sie inzwischen besser. Heute trage ich ihr gegenüber keinen Groll mehr in meinem Herzen.

Meinen Vater habe ich das letzte Mal vor über zwanzig Jahren gesehen. Viele Jahre hatten wir telefonischen Kontakt, mehr aber auch nicht. Finanziell hat er es irgendwann geschafft und er konnte sich sogar einige Träume verwirklichen. Er hat wieder geheiratet und ist mit dieser Frau auch glücklich.

Mein leiblicher Bruder hat einige Jahre als Bademeister gearbeitet, er hat geheiratet und wurde Vater zweier Kinder. Dann ist leider auch seine Ehe kaputtgegangen. Von ihm höre ich nur selten etwas. Ihm habe ich meine ersten Kontakte zur Heilsarmee zu verdanken, aber er selbst kam irgendwann auf andere Ideen und verließ die „Soldaten Gottes".

Nach dem Abschied von Karstadt in Norderstedt startete ich meine „Reise" durch Deutschland. Als Vorbereitung für meine theologische Ausbildung machte ich ein Praktikum bei der Heilsarmee und verließ dafür Hamburg. Zunächst verschlug es mich nach Göppingen, etwa 40 Kilometer östlich von Stuttgart. Hier blieb ich sieben Monate lang in einer Gemeinde, an die ein Männerwohnheim angeschlossen war. Dort wohnten Obdachlose, die vom Sozialamt der Stadt abhängig waren. Dieses Wohnheim war zusätzlich eine Notübernachtungsstelle. Abends kamen häufig irgendwelche Leute, die von der Polizei geschickt worden waren, mit einem Schein in der Hand, der bestätigte, dass die Gemeinde die Kosten für die Unterkunft erstatten würde. Hier begegnete ich unzähligen verzweifelten Menschen, die sich und ihr Leben schon aufgegeben hatten.

Das Ehepaar, das die Leitung dieser Einrichtung übernehmen sollte, kam mit seinen zwei Teenagern – einem Jungen und einem Mädchen, beide ungefähr in meinem Alter – etwa zeitgleich mit mir in Göppingen an. Sie waren Amerikaner, sprachen aber auch ein wenig Deutsch. Während meines Praktikums lebte ich mit dieser Familie zusammen, und so erfuhr ich zum ersten Mal am eigenen Leib, wie Familienleben wirklich aussieht. Ich war Teil der Familie, hatte aber auch mein eigenes Zimmer, das mir eine Rückzugsmöglichkeit bot. Da die Familie überwiegend Englisch miteinander sprach, hatte ich hier noch die Gelegenheit, meine Sprachkenntnisse zu verbessern. Es waren wundervolle sieben Monate!

Ja, die Heilsarmee hat mich stark geprägt. Im ersten Jahr erlernte ich ein Instrument. Dann kam die entscheidende Frage: ob ich wüsste, dass es jemanden gibt, der mich liebt. Die Antwort auf diese Frage revolutionierte mein Leben und es schlossen sich die „Gesellenjahre" als Christ bei der Heilsarmee an. In Göppingen lernte ich bei meinen amerikanischen Freunden erstmalig ein harmonisches Familienleben kennen, und mir wurde bewusst, was ich bisher entbehrt hatte. Nie hatte ich als Kind auf dem Schoß eines Erwachsenen gesessen – weder bei meinen Eltern noch bei einem anderen Familienmitglied.

In dieser Situation wurde mir klar, dass dieses Erkennen meiner Probleme der Schlüssel zu meinem weiteren Leben sein würde. Ohne diese positiven Erfahrungen wäre ich heute wahrscheinlich nicht in der Lage, eine Frau und eigene Kinder lieben zu können. Der Kontrast des Lebens dieser glücklichen Familie zu meinen zerrütteten Kinderjahren war für mich das Schlüsselerlebnis. Ich wollte, dass andere Kinder nicht so aufwachsen mussten wie ich; ich wollte, dass sie Ansprechpartner hatten, Erwachsene, die ihnen auf ihrem Weg ins Leben zur Seite stehen. Dieser Aufgabe wollte ich mein Leben widmen.

Nach der Göppinger Zeit startete ich zunächst aber meine theologische Ausbildung in der Heilsarmee, die damals an einer Einrichtung in Bochum absolviert wurde. Das Seminar gibt es dort nicht mehr, es wurde später mit anderen Häusern in Basel zusammengelegt. In Bochum lernte ich die biblische Exegese, die Auslegung der Bibel als Heilige Schrift, die Erarbeitung und Analyse eines Textes, Predigtenschreiben und alles, was man als Theologe so wissen muss. Das Schönste aber war die Praxis: Damals organisierten wir

Kinderpartys, Straßengottesdienste und Einsätze in unterschiedlichen Gemeinden. Wir waren sechseinhalb Tage in der Woche im Einsatz, ein halber Tag galt der Erholung. Natürlich musste ich in dieser Zeit auch sehr viel für den Unterricht lernen (was ich auch tat), aber am beglückendsten fand ich die praktische Arbeit mit den Kindern.

Und dann habe ich mich in Bochum verliebt. Nein, nicht wie Herbert Grönemeyer in die Stadt, obwohl ich auch mit ihr viel Gutes verbinde. In Bochum lernte ich ein wahnsinnig nettes Mädchen kennen. Der junge Mann aus dem kühlen Norden hatte plötzlich Schmetterlinge im Bauch.

Soldat trifft Soldatin

Liebe auf den ersten Blick? Ja, es gibt sie. Was ich zuvor nur aus billigen Filmen im Fernsehen kannte, rauschte in Bochum ungebremst in mein Herz. Vielleicht war es doch der zweite Blick. Den ersten hatte ich nämlich Monate zuvor auf ein Foto der jungen Frau geworfen – und schon damals brandete ein Gefühl in mir auf, das ich bis dahin nicht gekannt hatte.

Drehen wir die Zeit also nochmals ein bisschen zurück. Während meines Praktikums in Göppingen nahm ich hin und wieder auch an Jugendfreizeiten der Heilsarmee teil. Ich war ja erst 19 Jahre alt, also selbst noch Jugendlicher. Auf einer solchen Freizeit lernte ich andere junge Leute aus der Heilsarmee in Reutlingen kennen. Die Stadt liegt rund 50 Kilometer von Göppingen entfernt. Diese Jugendlichen wollte ich einige Wochen später besuchen. Und so schwang ich mich an einem freien Tag auf mein Fahrrad, um nach Reutlingen zu fahren – bei 30 Grad Hitze. Unterwegs fing ich mir einen heftigen Sonnenbrand ein.

Ich wollte meine Urlaubsbekanntschaften mit meinem Besuch überraschen, deshalb hatte ich auch niemandem Bescheid gesagt, dass ich kommen würde. Als ich nach dreieinhalb Stunden endlich ankam, tat mir mein Hintern gewaltig weh. Froh, endlich angekommen zu sein, stellte sich obendrein prompt noch die Ernüchterung ein: Keiner meiner Freunde war da.

Ich ärgerte mich schwarz. Sollte diese sportliche Höchst-leistung etwa umsonst gewesen sein? Doch dann hatte ich doch noch Glück: Ich traf den Leiter der Heilsarmee von Reutlingen an. Er und seine Frau zeigten Mitleid mit diesem verschwitzten und halb verbrannten Jüngling und luden mich zum Kaffee ein. So saß ich also bei ihnen am Tisch und nippte an meinem Kaffee. Da erblickte ich auf dem Regal mir gegenüber ein Foto in einem Bilderrahmen. Das Foto zeigte ein bildhübsches Mädchen – die Tochter dieses Ehepaares, wie ich annahm. Immer wieder schielte ich zu diesem Bild hinüber. Auch der Kuchen konnte mich jetzt nicht mehr ablenken. Gut, dass die Gastgeber meine Gedanken nicht errieten, die in meinem Kopf herumschwirrten: *Na, hübsche Kleine, ich wäre doch was für dich.* Und: *Ob die wohl genauso nett wie hübsch ist?*

Wie berauscht schwang ich mich nach dem Abschied von dem freundlichen Ehepaar wieder auf mein Fahrrad, ohne mir wegen der bevorstehenden Strapazen des Rückwegs Sorgen zu machen. Kennengelernt habe ich das Mädchen an diesem Tag nicht, da es ebenfalls unterwegs war. Als ich am Abend todmüde ins Bett fiel, konnte ich aber an nichts anderes mehr denken: Dieses Mädchen wollte ich unbedingt persönlich treffen und kennenlernen.

Und nun wieder zu meinem ersten Tag in Bochum auf der Bibelschule. Ich bekam ein schlichtes, kleines Zimmer zugewiesen, in dem ich in den kommenden zwei Jahren leben sollte – so lange dauert die Ausbildung zum Pastor der Heilsarmee. Ich räumte mein Hab und Gut (es füllte gerade mal einen Pappkarton) in den Schrank und freute mich auf die neue Herausforderung. Auch andere Männer zogen ein. Mit meinen 19 Jahren war ich aber einer der Jüngsten. Die Mädchen – oder besser: die Frauen – schliefen einen Stock höher. Es hatte alles seine Ordnung.

Als ich mit dem Einräumen fertig war, ging ich die Treppe hinunter zum Speisesaal. Der Abend war bereits angebrochen und mein Magen knurrte. Ich öffnete die Tür zum Essraum – und da war sie. Es traf mich wie ein Blitz. Das Mädchen von dem Foto! Das konnte doch nicht sein. Aber ich irrte mich nicht. Sie saß direkt vor mir an einem Tisch. Für einen kurzen Augenblick trafen sich unsere Blicke. Ich war ihr eindeutig aufgefallen – das bildete ich mir zumindest ein.

Ob ich wohl cool genug rüberkam? Mein Gehirn stellte wie automatisch auf Balzverhalten um.

In den darauffolgenden Tagen gab ich mir viel Mühe, um die Aufmerksamkeit dieser Traumfrau zu gewinnen. Ich räumte die Tische ab, spülte das Geschirr und machte mich mit meinem Übereifer schon fast lächerlich. Ich wollte auf alle Fälle ihr Herz erobern.

Erfolglos war ich mit meinen Bemühungen wenigstens nicht: Mein ehrgeiziger Einsatz führte zum Ziel; ich lernte sie kennen. Die junge Dame war fünf Jahre älter als ich (man sah es ihr wirklich nicht an). *Was sollte eine solche Frau mit einem 19-jährigen Jungen anfangen?*, dachte ich verunsichert. Aber meine Zweifel waren unbegründet. Schnell wurde klar: Auch sie war in mich verknallt.

Liebeleien unter Bibelschülern sah die Heilsarmee allerdings gar nicht gern. Während wir unsere Zuneigung entdeckten und vertieften, gingen bei den leitenden Leuten bereits die Alarmglocken los. Nichts war zu jener Zeit schlimmer für ein Haus dieser Ausrichtung, als wenn Dinge vorfielen, die sich nicht mit dem Verständnis von Zucht und Ordnung in Einklang bringen ließen. Und diese Sorge ist bei hormongeladenen jungen Erwachsenen ja auch nicht immer unbegründet.

Jedenfalls standen wir unter ständiger Beobachtung. Wann immer Karin – so der Name der Auserwählten – und ich einen Ausflug unternehmen oder bei einem Essen einfach nur zu zweit allein sein wollten, schickte man uns einen Anstandswauwau hinterher. Anfangs fanden wir das noch sehr lustig. Aber wir waren auch so ganz brav und die Aufpasser konnten den Treffen des jungen Pärchens eigentlich ganz entspannt entgegensehen.

Nicht unerwähnt bleiben darf, dass Karin aus einer alten Heilsarmeefamilie mit großer Tradition kommt. Ihre Familie war schon seit Generationen in der Heilsarmee Kiel verwurzelt. Karins Eltern sind beide Offiziere der Heilsarmee und wurden immer wieder versetzt – zuletzt eben nach Reutlingen. Karin hat von ihren Eltern sehr viel Liebe mit auf den Weg bekommen. Der christliche Glaube war von Anfang an das Fundament in ihrem Leben. All das, was ich als Kind so vermisst hatte, bekam sie in ihrer Familie im Übermaß.

Doch es gibt zwischen unseren Familien auch Parallelen: Beide führten ein Leben voller finanzieller Entbehrungen. Ihre Eltern haben als Offiziere der Heilsarmee, die selbst nur von Spenden lebt, sehr wenig Geld verdient.

Doch diese Entbehrungen haben Karin nicht abgeschreckt. Sie wurde durch das Leben ihrer Eltern stark geprägt. Sie absolvierte erst eine Ausbildung als Hauswirtschaftsleiterin, bevor sie Theologie studierte. Zwischenzeitlich sammelte sie Erfahrungen im Callcenter eines großen Unternehmens, wo sie für die Kundenreklamationen zuständig war.

In Bochum wurde ich vom musikalischen Talent meiner großen Liebe überrascht. Sie spielte schon damals mehrere Instrumente, darunter Gitarre und Trompete. Da konnte ich nicht mithalten, aber das war auch nicht so wichtig. Ich war auch ohne eine Tuba der glücklichste Mann der Welt.

Da wir es mit unserer Beziehung ernst meinten, wurde es irgendwann auch für die Bibelschule ernst. Die Leitung und viele unserer Ausbilder zeigten sich über unsere Turteleien nicht gerade glücklich. Wir durften uns nie alleine in einem Raum aufhalten, immer war ein Aufpasser dabei. Dieses Misstrauen setzte uns mit der Zeit zu. Wir hätten mehr Vertrauen erwartet, aber vermutlich hatte man in dem frommen Haus bereits gewisse Erfahrungen gemacht – oder man wollte genau solche Erfahrungen um jeden Preis verhindern. Letztlich schweißte der Druck von außen Karin und mich aber nur noch fester zusammen.

Dann traf es mich wie ein Schlag. Ein weiteres Argument, das die Pädagogen gegen unsere Beziehung vorbrachten, war meine Herkunft. Eine Ehe zwischen einem Jungen aus einer atheistischen Familie aus dem verruchten St. Pauli und einer Pastorentochter – das konnte nicht gut gehen, hieß es. Dabei dachte ich immer, mein ungewöhnlicher Lebensweg und mein frühes Bekenntnis zu Gott wären ein großer Liebesbeweis, auch der Heilsarmee gegenüber. Aber die Bibelschule verstand sich eben als Ausbildungsstätte für junge Christen und nicht als Heiratsinstitut.

Wir glaubten jedoch an unsere Liebe und schmiedeten Zukunftspläne. Dass wir heiraten wollten, hatten wir schon am Tag unseres Kennenlernens gewusst. Wenn das nicht an der Schule ging, dann mussten wir unsere Ausbildung eben unterbrechen. Doch auch hier spielte die Schulleitung nicht mit. Eine Unterbrechung kam von ihrer Seite aus nicht infrage. So fassten wir einen schweren Entschluss: Wir brachen unseren Aufenthalt in Bochum ganz ab, und das kurz vor Beendigung des ersten Schuljahrs. Wir hatten erst einmal andere Pläne. Wir waren von unserer Liebe überzeugt und Gott würde das schon verstehen. Schnell waren die Koffer gepackt und wir fuhren zu Karins Familie nach Reutlingen.

Mit dem Umzug in die ehemals freie Reichsstadt brockten wir uns allerdings neue Probleme ein. Wir waren erst einmal wohnungslos und ich hatte keinen Job und damit natürlich auch kein eigenes Einkommen. Holten mich etwa meine finanziellen Verhältnisse aus meiner Jugend wieder ein? Dazu befürchtete ich, dass der Respekt meiner künftigen Schwiegereltern mir gegenüber durch meine Lebensumstände eher geschwächt wurde. Sie hatten wahrscheinlich mit ihren Heilsarmeefreunden in Bochum telefoniert – und ich befürchtete, dass die ihre eigene Version von unserer Abreise und der ganzen Vorgeschichte erzählt hatten. Mir drang in diesen Tagen stark ins Bewusstsein, dass meine Freundin aus dieser traditionsreichen Heilsarmeepastorenfamilie kam – natürlich erwartete man, dass sie in die Fußstapfen ihrer Vorfahren treten und ebenfalls als Theologin arbeiten würde, aber daran war – dank mir – vorerst nicht zu denken. Kein guter Einstand in der Familie.

Aber die Eltern meiner zukünftigen Frau machten uns keine Vorwürfe, vielmehr nahmen sie mich herzlich auf. Hatten sie doch auch 30 Jahre zuvor auf dieser Schule für zukünftige Theologen in Bochum ihre Ausbildung gemacht – und damals waren die Regeln noch strenger gewesen! Zu ihrer Zeit hatte es sogar getrennte Speiseräume für Männer und Frauen gegeben. Diese strikten Verhaltensregeln waren für meine Fast-Schwiegereltern aber kein Problem, da sie sehr früh geheiratet und ihre Ausbildung schon als ein Ehepaar dort begonnen hatten. So gab es für sie die Art von Schwierigkeiten, die wir gehabt hatten, nicht.

Karins Eltern boten mir sogar in ihrer Wohnung ein Zimmer an, legten mir aber nahe: „Wenn du einen Job gefunden hast, dann nimm dir bitte eine eigene Wohnung. So viel Platz haben wir hier nicht."

Karin und ich lebten jetzt also zwar unter einem Dach, aber jeder in seinem eigenen Zimmer. Ihre Eltern behielten uns immer im Blick. Immerhin durften Karin und ich aber außerhalb der Wohnung ohne Aufpasser gemeinsam etwas unternehmen. Insofern beglückte man uns hier mit mehr Freiheiten als in Bochum.

Das mit der Jobsuche nahm ich sehr, sehr ernst. Ich war immer schon ein ungeduldiger Mensch. Als nach zwei Tagen immer noch keine Anstellung in Sicht war, war ich schon gefrustet, und meine Nerven lagen blank. Gedankenverloren blätterte ich an einem langweiligen Mittag in dem Anzeigenblatt aus der Region, das auf dem Wohnzimmertisch lag, als mir ein Inserat ins Auge fiel: „KASSIERERIN GESUCHT" stand da in großen Buchstaben. Ich war zu allem bereit, zur Not konnte ich auch als „Kassiererin" jobben. Das Telefon stand in Reichweite und Sekunden später hatte ich die Personalleitung des Unternehmens an der Strippe. Was für ein Glück: Es war ein Baumarkt!

Als ich von meiner Ausbildung in dem Hamburger Baumarkt erzählte, zeigte sich der Personalleiter sehr interessiert. „Was für ein Zufall", sagte er, „wir suchen gerade einen Fachverkäufer."

Minuten später saß ich auf dem Fahrrad. Es war keine Zeit zu verlieren. Das Vorstellungsgespräch lief rund und nach drei Tagen hatte ich in einer mir völlig fremden Stadt einen Job gefunden. Drei Wochen später konnte ich auch die Suche nach einer eigenen Wohnung erfolgreich beenden. Nach nur vier Wochen packte ich meine Habseligkeiten und zog bei Karins Eltern aus. Die konnten eine gewisse Erleichterung darüber kaum verbergen. Die beengte Wohnsituation hatte uns allen zu schaffen gemacht.

Meine neuen vier Wände waren nicht möbliert. Viel Geld klimperte nicht in meinen Taschen. Also leistete ich mir kein Bett; eine Matratze musste für den Anfang reichen und im Schlaf auf Fußbodenniveau konnte ich dann von Möbeln träumen.

Da das jedoch kein Dauerzustand bleiben sollte, gingen Karin und ich ganz unbedarft in eine Bank, um einen kleinen Kredit zu beantragen. 3.000 Mark, so dachten wir, müssten doch für das Allernötigste reichen. Doch der Bankangestellte belehrte uns eines Besseren. Ziemlich emotionslos gab er uns zu verstehen, dass ich erst einmal drei Monate im Baumarkt arbeiten und danach wiederkommen solle. Dann ließe sich über den Kredit reden.

Wir zogen also ohne Beute wieder ab. Aber der Mann stand zu seinem Wort. Drei Monate später klingelte es auf meinem Konto. Die 3.000 Mark, die ich von der Bank bekam, investierte ich in Möbel für die neue Wohnung.

So langsam fühlte ich mich heimisch. Die Einrichtung der Wohnung konnte sicherlich nicht auf den Seiten von „Schöner Wohnen" brillieren, aber sie war gemütlich und perfekt für einen Start in ein glückliches Eheleben.

Wenig später feierten wir dann auch im engsten Familienkreis unsere Verlobung – so richtig mit einem Verlobungsring (aber ohne Sekt; Alkohol ist bei der Heilsarmee aus Solidarität mit den Suchtkranken tabu). Mit dem Verlobungskuss durfte ich die Eltern von Karin dann duzen; vorher hatte ich da keine Chance. Jetzt gehörte ich richtig zur Familie.

Der Junge aus St. Pauli hatte seinen Weg gemacht.

Kurze Zeit später, es war im August 1984, feierten wir dann Hochzeit. Ein tolles Fest! Alle Gemeindemitglieder der Reutlinger Heilsarmee waren da und die gesamte Verwandtschaft meiner Frau war angereist. Ganz besonders freute es mich, dass auch meine Mutter und mein Bruder kamen. Beide sahen an diesem Tag meine Frau zum ersten Mal. Was die Freude allerdings etwas trübte, war, dass das Verhältnis zwischen meiner Mutter und meinem Bruder extrem angespannt war. Man muss sich das vorstellen: Da sahen sie einander nach so vielen Jahren wieder – und redeten kein Wort miteinander.

Aber das konnte uns die Feierlaune nicht verderben. Ich war glücklich, dass ich die beiden an diesem schönen Tag bei mir hatte – an dem Tag, der den Grundstein für meine eigene wunderbare Familie legte.

Der Weg nach Berlin

Einige Zeit später mieteten Karin und ich zusammen mit meinem Schwager ein Haus an. Unsere kleine Familie brauchte einfach mehr Platz. Neun Monate nach der Hochzeit hielten wir Daniel, unseren ersten Sohn, in unseren Händen und nach zwei weiteren Jahren erblickte unsere Tochter Judith das Licht der Welt. Meine Arbeit in dem Reutlinger Baumarkt hatte ich inzwischen gekündigt, um in einem ähnlichen Unternehmen eine Anstellung als Außendienstmitarbeiter anzunehmen, da das Gehalt hier erheblich höher war. Zudem war der Umgang mit Menschen immer schon eine meiner Stärken gewesen, und diese Stärke konnte ich in dem neuen Job gut zum Einsatz bringen. Ich fuhr durch ganz Deutschland, kontrollierte Handelsvertreter und präsentierte unseren Kunden neue Ware.

In unserer Freizeit engagierten Karin und ich uns in der Gemeinde, der wir uns angeschlossen hatten – ebenfalls eine Gemeinde der Heilsarmee. Dort bot sich uns damals die einmalige Chance, die Jugendarbeit mit aufzubauen. Das Durchschnittsalter der Gemeindemitglieder lag ungefähr bei 60, und so sah die Zukunft der Heilsarmee in Reutlingen nicht gerade rosig aus. Daher hatte die Jugendarbeit eine Schlüsselfunktion.

Darüber hinaus gestalteten wir mit unseren Freunden Gottesdienste und das junge Ehepaar Siggelkow spielte auch im Orchester der Kirchengemeinde. An meinem freien Nachmittag (Montag, der sogenannte „Pastorensonntag") baute ich eine Kindergruppe auf. Schon nach relativ kurzer Zeit kamen bis zu 25 Kinder. Das waren nicht etwa Kinder und Enkel von Heilsarmeemitgliedern, sondern Kinder aus der weiteren Nachbarschaft, und sie waren jedes Mal mit Begeisterung dabei.

Dann, nach vier Jahren, holte uns unsere Vergangenheit ein: Eines Tages klingelte das Telefon und die Heilsarmee war am anderen Ende der Leitung. „Wollt ihr nicht eure Pastorenausbildung fortsetzen und zum Abschluss bringen?", fragte eine tiefe Stimme. Wir seien ja jetzt schon lange genug verheiratet und damit wohl auch reif genug für noch wichtigere Aufgaben.

Das hörte sich versöhnlich, vor allem aber interessant an. Und dann kam die Stimme mit einem weiteren Angebot: „In Lörrach, an der Schweizer Grenze, könnt ihr dann auch die Leitung einer kleinen Gemeinde übernehmen. Ihr müsst wissen: Die Bibelschule ist jetzt in Basel, und das ist ja nicht weit weg von dort."

Wir brauchten nicht lange zu überlegen. Ich kündigte meinen Job und wir brachen unsere Zelte in Reutlingen ab.

In Lörrach erwartete uns noch mehr Arbeit. Gut, dass wir damit in dieser Form nicht gerechnet hatten, sonst wären wir möglicherweise nicht gekommen. Wir zogen in eine kleine schmucke Wohnung der dortigen Heilsarmee. Erstmals waren wir allein für eine – wenn auch sehr kleine – Gemeinde verantwortlich. Am Anfang unserer Zeit dort zählte sie nur 25 Mitglieder, und die meisten von ihnen waren deutlich über 60 Jahre.

Parallel zur Gemeindearbeit setzten wir unsere Pastorenausbildung in Basel fort. Der Unterricht dauerte von 8:00 Uhr bis 18:00 Uhr. Anschließend fuhren wir mit fliegenden Fahnen von Basel zurück nach Lörrach, denn um 19:00 Uhr begannen dort die Gemeindeaktivitäten. Zweimal in der Woche sammelten wir in den Gaststätten dieser schmucken Stadt Geld für unsere Gemeindearbeit – obwohl es mir sehr schwerfiel. Meine Frau leitete eine Frauenstunde und wir bauten auch hier wieder eine Kinderarbeit auf. Außerdem organisierten wir Gottesdienste, und in der Kapelle konnte man uns ebenfalls spielen hören.

Die Kinder nahmen wir frühmorgens mit nach Basel und brachten sie dort in einen Kindergarten der Gemeinde. Hier sprach man mit den Kindern nur Französisch, aber meine Kids kamen damit ganz gut klar. Vor allem Daniel lernte schnell. Die Schimpfwörter hatten es ihm besonders angetan. Einmal war die Oma aus Reutlingen zu Besuch. Als sie mit dem Kleinen sprach, lächelte der sie nett an und antwortete auf Französisch, wobei er sie mit verschiedenen unschönen Ausdrücken bedachte. Oma lächelte zurück, ohne ihn verstanden zu haben. Das war für den kleinen Mann ein Riesenspaß und ein Signal, damit weiterzumachen. Oma hat es nie gemerkt.

Wir hatten mit Ausbildung und Gemeindearbeit eine 100-Stunden-Woche, und das mit zwei kleinen Kindern. Aber irgendwie bekamen wir es hin. Neue Freundschaften konnten wir in der Bibelschule allerdings leider nicht schließen. Dafür fehlte die Zeit.

Dann kam der Tag unserer Ordination. Wir hatten es geschafft und waren Pastoren der Heilsarmee. Vorerst einmal blieben wir in Lörrach, um die Gemeinde weiter aufzubauen. Wir erlebten dort damals einen regelrechten Aufbruch. Die Gemeinde wuchs und wurde immer jünger. Und wir waren mit Spaß bei der Arbeit. Unser drittes Kind, Timo, wurde in Lörrach geboren und ist damit ein Kind des Schwarzwalds. Übrigens haben wir, was die Landschaft angeht, nie wieder so schön gewohnt wie in den Lörracher Tagen. Im Dreiländereck Frankreich–Schweiz–Deutschland bot sich uns eine Bilderbuchlandschaft mit unendlichen Wäldern, mit Weinbergen und wunderschönen Dörfern. Aufgrund des milden Klimas mit besonders vielen Sonnentagen mutete alles sehr südlich an. Sanft fließende Berge, Obstwiesen, Kornfelder, Bäche und malerische Seen. Wir hätten uns gut vorstellen können, für immer hierzubleiben.

Doch sollten wir nicht vergessen, dass wir in einer „militärischen" Organisation waren: der Heilsarmee. Dort gab es das Versetzungsprinzip, und so bekamen wir eines Tages die Nachricht: „Ihr müsst nach Bremen!" Wenige Wochen später lag der Marschbefehl auf dem Tisch. Wir mussten Lörrach verlassen. In jener Zeit galt noch das militärische Prinzip von Befehl und Gehorsam. Heute spricht die Heilsarmee sich mit ihren Mitarbeitern ab, und man entscheidet gemeinsam, wohin es geht.

Der Marschbefehl nach Bremen erschien uns zunächst wie ein Strafbefehl. Wir hatten die Arbeit in Lörrach lieb gewonnen und hatten auch gewisse Erfolge, mit denen die Heilsarmee an anderen Orten nicht verwöhnt war. Viele junge Menschen strömten in unsere Kirche, und das war nicht an allen Standorten der „Soldaten Gottes" der Fall. Manchmal hatte man den Eindruck, es gäbe in den Gemeinden viele Leute, die am liebsten unter sich bleiben wollten. Fremde – vor allem wenn sie noch jung waren – brachten doch nur Unruhe. Dieses Muster, das Lebendigkeit und Wachstum verhindert, meine ich übrigens in so manchen Freikirchen entdeckt zu haben.

Obwohl wir also sehr gerne in Lörrach geblieben wären, beugten wir uns dem Willen der Heilsarmee und zogen nach Bremen. Eigentlich hätte mein Herz höher schlagen müssen – immerhin ging es jetzt ja wieder in Richtung meiner alten Heimat Hamburg –, aber das tat es nicht. Vom ersten Tag an wussten wir, wir hätten in Lörrach bleiben sollen.

Das hatte weniger mit der Stadt Bremen zu tun. Unsere neue Umgebung gefiel uns. Auch mit den meisten Menschen kamen wir gut zurecht. Aber das Gefühl, dass es hier irgendwie nicht passte, verließ uns nicht.

Das fing beim Gemeindesaal an, der gerade einmal 35 Personen fasste. Bewusst oder unbewusst vermittelte er die Botschaft, dass Wachstum nicht auf der Agenda der Gemeinde stand. Die Arbeit mit Kindern lag komplett am Boden.

Zur ersten Kinderparty, die wir veranstalteten, fanden sich gerade einmal zwei Kinder ein. Schon nach drei Wochen strömten aber 28 Kinder in den Saal. Die wöchentliche Party wurde zu einem Geheimtipp in den Schulen der Nachbarschaft. Nach weiteren Wochen mussten wir über einen Anbau nachdenken – der Saal war knüppeldicke voll. Wir merkten aber schnell, dass die Gemeindeverantwortlichen das so nicht wollten. Ihre Gründe waren möglicherweise sogar einleuchtend, aber wir fühlten uns in unserem jugendlichen Tatendrang ausgebremst.

Um eine ohnehin nicht lange Geschichte sehr kurz zu machen: So plötzlich, wie wir gekommen waren, brachen wir unsere Zelte in Bremen auch wieder ab. Die Trennung von Lörrach war uns außerordentlich schwergefallen – denn wir hatten Menschen zurückgelassen, mit denen wir und die mit uns sehr gerne zusammengearbeitet hatten. Es hatte viele Tränen gegeben, als wir gegangen waren. Darüber hinaus war die Arbeit, die wir dort getan hatten, wie gesagt, sehr erfolgreich gewesen.

Hätten wir uns dem Marschbefehl nach Bremen widersetzen sollen? Ja, jetzt wussten wir es genau. Wir zogen die Konsequenz und kündigten den Vertrag bei der Heilsarmee, und genauso schnell, wie wir gekommen waren, verschwanden wir wieder aus der Stadt. Es ging zurück nach Lörrach. Dort fanden wir sofort eine passende Wohnung und ich arbeitete weiter als Pastor – nur nicht mehr bei der Heilsarmee. Dennoch blieben wir unserer Armee treu, schließlich war sie unsere „geistliche Heimat". Nun waren wir eben nicht mehr angestellte Offiziere, sondern einfach Mitglieder dieser evangelischen Freikirche. Es war kein Streit, der unseren Dienst in der Heilsarmee beendete, sondern eher die Berufung, die wir verspürten und der wir gerne folgen wollten. Auch heute sind wir noch Mitglieder der Heilsarmee in Berlin. Ein Grund hierfür ist auch, dass in dieser christlichen Armee so viel sozial/diakonisch getan und der Glaube an Gott authentisch gelebt wird. Getreu dem Motto des Gründers William Booth gehen die Soldaten dahin, wo die Menschen sind, und warten nicht darauf, dass diese in die Kirche kommen.

Mein neuer Job in Lörrach war der eines Jugendreferenten in einem christlichen Jugendwerk, das damals auch seinen Sitz in Lörrach hatte. Mittlerweile wurde er nach Kandern verlegt. Jetzt war ich so etwas wie ein Außendienstmitarbeiter Gottes. Ich reiste durch das Land, organisierte in verschiedenen Gemeinden und Städten Jugendveranstaltungen und predigte in Jugendklubs. Ich war aber nicht der Mann, der hoch oben von einer Kanzel predigte, sondern verstand mich mehr als Freund und Partner der Jugendlichen.

Doch wieder fand sich neben meinem Beruf genug zusätzliche Arbeit.

Ein Bekannter aus der Heilsarmee in Lörrach arbeitete in einer Bäckerei. Die Besitzer waren wegen eines Umbaus vorübergehend besonders beansprucht und suchten dringend eine Familie, die in dieser Phase ihre zwei Kinder betreute. Meine Frau und ich boten an, die beiden zu unseren drei Kindern dazuzunehmen. Es ging ja nur um zwei Wochen und nachts waren die Gäste wieder zu Hause. Als die Zeit vorüber war, wollte uns die Mutter, also die Chefin der Bäckerei, für den Dienst bezahlen. Ich sagte ihr, dass ich dafür kein Geld nähme. Wenn sie etwas Gutes tun wolle, könne sie aber unserer Gemeinde den Kuchen spenden, der am Mittwochnachmittag und am Samstagmittag übrig bliebe; an diesen Tagen schloss die Bäckerei nämlich schon am Nachmittag. Das machte sie gerne, und so wurden wir in Zusammenarbeit mit der Heilsarmee jede Woche geradezu überschüttet mit Kuchen, sodass ich anfing, alle Gemeinden in der Umgebung mit Gebäck zu versorgen.

Einmal hatten wir sogar so viel übrig, dass es auch danach noch reichte. Was sollten wir tun? Wir kochten Kaffee, luden den Kuchen ins Auto und fuhren in den Hebelpark von Lörrach. Dort suchten wir die Obdachlosen und versorgten sie mit Kaffee und Kuchen. Die Freude bei den Obdachlosen war so überwältigend, dass wir die Aktion fortsetzten und von nun an jedes Wochenende mit der Stärkung im Park aufwarteten. Aus dieser Aktion entwickelte sich mit der Zeit ein regelmäßiger Obdachlosengottesdienst, den es insgesamt zehn Jahre gab – auch noch, als wir Lörrach längst schon wieder verlassen hatten. Die Obdachlosen wurden buchstäblich an Leib und Seele gestärkt: Zu Kaffee und Kuchen gab's eine Andacht.

Aus dieser Arbeit entstand bei uns in der Familie und bei einigen Freunden der Wunsch, noch mehr für die Obdachlosen zu tun. Wir sprachen mit der Stadt und bekamen erst mal die Antwort, Lörrach habe gar keine Obdachlosen. Das wussten wir natürlich inzwischen besser.

Wir wollten ein Haus anmieten, in dem die Männer und Frauen ohne eigene Bleibe übernachten konnten. Parallel dazu waren wir noch in der sogenannten Teestube engagiert. Die Teestube war ein Ort, an dem sich Jugendliche treffen und bei einer Tasse Tee spielen oder Gespräche führen konnten. Diese Arbeit sollte expandieren, doch dazu fehlten die Räumlichkeiten.

Nun eröffnete sich uns die Möglichkeit, beides – die Teestuben- und die Obdachlosenarbeit – miteinander zu kombinieren. Wir fanden nämlich ein geeignetes leer stehendes Haus: ein ehemaliges Bordell. Die erste Begehung des Gebäudes war für uns durchaus ein Erlebnis. Im Obergeschoss befanden sich die ehemaligen Stundenzimmer, die sich hervorragend als Übernachtungsmöglichkeit für die Obdachlosen eignen würden. Im Erdgeschoss gab es eine riesige Bar, dazu viele Spiegel und Sofas in Samt und Seide. Das Ganze wirkte fast so, als hätte der Betrieb am Abend wieder losgehen können. Auf dem Boden fand ich sogar noch eine Speisekarte. Der entnahm ich, dass eine Flasche Sekt in diesem Etablissement 900 D-Mark gekostet hatte. Ein beeindruckender Preis, wie ich fand, der nahelegte, dass mit diesem Geld nicht nur das Getränk, sondern darüber hinaus zusätzliche Dienstleistungen bezahlt wurden.

Wir entschieden uns dafür, in den Räumlichkeiten nicht so viel zu verändern. Die Jugendlichen wussten ja nicht, dass sie ein ausrangiertes Bordell besuchten, und die Innengestaltung mit dem interessanten Mobiliar und den vielen Spiegeln würde ihnen bestimmt gefallen. Wir bauten das Ganze also nur ein bisschen um, setzten einen Billardtisch rein und eröffneten für die jugendlichen Besucher. In dem Haus gab es außerdem noch Wohnungen für Obdachlose.

Es kamen täglich 20 bis 30 Jugendliche, da wir ein gutes offenes Angebot hatten mit Tischtennis, Kicker, Billard und Gesprächen. Als wir schon ein paar Wochen drin waren, fuhr eines Nachmittags ein dicker Daimler mit Schweizer Kennzeichen vor. Ich stand gerade draußen im herrlichen Sonnenschein, als der Fahrer in seinen feinen Businessklamotten ausstieg. Es war eindeutig, in welcher Absicht er dieses Haus angesteuert hatte und was er hinter der Eingangstür erwartete. Ich schaute ihn freundlich an und sagte dann: „Es ist Ihnen hoffentlich klar, dass das hier jetzt ein christlicher Jugendklub ist?" Daraufhin machte der verblüffte Mann, ohne einen Ton zu sagen, auf dem Absatz kehrt, ließ den Wagen an und fuhr zurück in die Schweiz. Als ich dem Mitarbeiterteam von dieser Szene erzählte, kriegten sich meine Leute vor Lachen nicht mehr ein.

Im Zuge meiner deutschlandweiten Aktivitäten als Jugendreferent verschlug es mich eines Tages nach Berlin-Hellersdorf. Hier wollte eine Freikirche eine Jugendkirche gründen und suchte einen Redner, der die Sprache der jungen Leute sprach. Das war 1991, als die Mauer bereits gefallen war und Deutschland im Vereinigungsfieber schwelgte. Hellersdorf war bis zum Jahr 2001 ein eigener Berliner Bezirk. Entstanden war er zu DDR-Zeiten – eine auf dem Reißbrett entworfene Massensiedlung in Plattenbauweise. Endlos reihten sich die Häuser aneinander, Tür an Tür, Fenster an Fenster. So etwas hatte ich davor nie gesehen. Mit dem beschaulichen Lörrach war das nicht zu vergleichen.

Vor allem zahlreiche junge Familien mit Kindern lebten in Hellersdorf, weil die einfachen Wohnungen bezahlbar waren. Wie deprimierend das Leben für viele dort war, war mir damals nicht klar. Geprägt von der Aufbruchstimmung, die ich durch die vielen guten Nachrichten nach der Wende wahrgenommen hatte, fehlte mir der Blick für die Perspektivlosigkeit zahlreicher Menschen in den Plattenbausiedlungen. Mir sollten in jenen Tagen jedoch die Augen aufgehen.

Im Zentrum von Hellersdorf, in der Hellen Mitte, hatte schon damals jeder Vierte im Alter von 15 bis 64 Jahren keine Arbeit – ein Zustand, der auf Dauer nicht gut gehen kann. Es gibt keine negativere Botschaft an junge Leute als die, dass sie nicht gebraucht werden. Wenn unsere Gesellschaft ihre jungen Leute nicht integriert – gerade auch ins Arbeitsleben –, dann werden sie sich irgendwann gegen die Gesellschaft wenden, davon bin ich überzeugt.

Zehn Tage blieb ich damals in Hellersdorf, und schon nach wenigen Tagen machte es bei mir „klick" im Kopf. Ich wusste, hier wurde ich gebraucht, mehr als in Lörrach.

Im Hinterzimmer einer Kneipe begegneten wir den jungen Leuten mit Musik, Snacks und Gesprächen über Gott und die Welt. Ich unterhielt mich dabei mit vielen Jugendlichen, die schon keine Ziele mehr für ihr Leben hatten. Sie fanden keinen Ausbildungsplatz oder hatten nach der Wende ihre Arbeit verloren.

Wie naiv war ich doch nach Berlin gekommen! Wo keine Perspektiven waren, da konnte auch keine Aufbruchstimmung herrschen, das wurde mir immer klarer. Wir durften den Jugendlichen keine Schuld geben. Sie waren Opfer der Lebensumstände, der Politik und auch der Raffgier vieler Menschen, die an der Wiedervereinigung verdienen wollten. Und natürlich waren sie die Verlierer des Übergangs vom sozialistischen zum marktwirtschaftlichen System.

Zu Tausenden mussten sie in den Tag hineingammeln, weil es für sie keine Verwendung gab. Damals kannte man das Wort „Kinderarmut" noch nicht. Es ist sozusagen ein Nach-Wende-Wort. Kaum jemand machte sich zu der Zeit über dieses Thema Gedanken.

Mich hingegen machte die Situation dieser jungen Leute, wie sie sich mir in unzähligen Gesprächen darstellte, immer wütender. Ich wusste: Hier musste etwas passieren. Diese Jugendlichen und jungen Erwachsenen brauchten Hilfe. Hier wollte ich arbeiten – dieses Gefühl bestürmte mich geradezu.

Doch kurze Zeit später ging es für mich wieder zurück nach Lörrach. Aber mein Entschluss, für immer nach Berlin zu gehen, stand fest.

Zurück in Lörrach, erzählte ich meiner Frau Karin von meinen neuen Plänen. Anfangs dachte sie: *Jetzt ist er total durchgedreht.* Immerhin lebten wir in Lörrach in einer schönen Wohnung, und ich hatte diesen tollen Job, in dem ich aufging – vor allem nach den frustrierenden Bremer Monaten. Und jetzt wollte dieser verrückte Mann nach Berlin.

Doch ich ließ nicht locker. Immer wieder erzählte ich von Hellersdorf, vom ehemaligen Osten und von den Jugendlichen dort, die Hilfe brauchten. Ich ließ mir regelmäßig Tageszeitungen aus Berlin schicken und verschlang die lokalen Nachrichten und Meldungen. Außerdem sondierte ich in aller Heimlichkeit den Wohnungsmarkt. Doch die Mietpreise in Berlin gefielen mir überhaupt nicht. Mit allen Nebenkosten lagen sie bei über der Hälfte meines derzeitigen Gehalts als Jugendreferent.

Trotzdem ließ ich nicht locker. Meinem Jugendwerk schlug ich vor, mit einem kleinen Büro in den ehemaligen Osten Berlins zu ziehen, aber das Werk machte leider nicht mit. Nun schrieb ich andere Organisationen an und versuchte, sie davon zu überzeugen, in Berlin eine Beratungsstelle aufzumachen. Doch auch hier hatte ich keinen Erfolg.

So vergingen die Monate. Mittlerweile war zumindest auch meine Frau von dem Umzug überzeugt. *Wenn Gott will, dass wir nach Berlin gehen, dann hilft er uns auch, einen Job und eine Wohnung zu finden,* so dachte sie ganz pragmatisch. Und sie sollte recht behalten.

Plötzlich ging alles ganz schnell. An einem Morgen klingelte das Telefon. Eine Berliner Gemeinde, die einen Pastor suchte, meldete sich. Es war eine kleine Freikirche in Wedding. Ich bekundete sofort mein Interesse, wollte aber noch mit meiner Frau sprechen, denn ich wollte auch ihre ganze Unterstützung und ihr Ja. Karin gab ebenfalls grünes Licht.

Nun konnte es also losgehen! Ich machte mich aber zunächst alleine auf den weiten Weg, denn es gab zu der Zeit kaum Wohnungen in Berlin. Es musste also erst eine Bleibe für unsere ganze Familie gefunden werden. Ich verdiente zwar nicht sehr viel, aber für den Anfang reichte es. Wir fanden nach einigen Wochen auch eine Wohnung und meine Familie kam nach. Eineinhalb Jahre nach meinem ersten Besuch in Berlin war ich endlich in der Stadt meiner Träume angekommen!

Um mein Gehalt aufzubessern (Karin musste sich ja um die Kinder kümmern), jobbte ich nebenbei in einem Hotel und dann später beim CVJM, dem Christlichen Verein junger Menschen. An harte Arbeit war ich ja bereits gewöhnt. Dann arbeitete ich noch als Vertreter für eine Tierfutterfirma. Kenntnisse dafür hatte ich ja schon als Kind im Geschäft meines Vaters in Hamburg gesammelt. Außerdem setzte ich meine bis dahin unentdeckten journalistischen Fähigkeiten ein und schrieb Reportagen und Artikel für eine Tierzeitschrift.

Diese Zusatzverdienste waren auch dringend nötig, denn aus meiner Ganztagsstelle als Pastor wurde nach einiger Zeit eine Halbtagsstelle und später wurde sie sogar ganz gestrichen. Der Gemeinde ging schlicht das Geld aus. Aber meinen Plänen, den Kindern und Jugendlichen der Stadt zu helfen, konnte das nichts anhaben. Meine Zeit würde schon noch kommen.

Wir bauen eine Arche

In meinen ersten Wochen in Berlin traf ich einmal eine Gruppe von Jungs, die auf einem Spielplatz abhingen. Was sie denn den ganzen Nachmittag so machen würden, fragte ich die Jugendlichen. „Wir suchen uns ein paar Mädels, um ein bisschen zu poppen", antwortete ein Junge, der das Gesicht eines Milchbubis hatte.

Das war nicht nur so dahergesagt, das spürte ich sofort. Die Jugendlichen hatten in ihrer Freizeit schlicht und einfach nichts zu tun und hingen deshalb auf den Spielplätzen der Umgebung ab. Es gab viel zu wenige Jugendklubs in der Nachbarschaft und die Freizeit der Kinder gestaltete sich oft leer und öde. *Wie trostlos ist es, wenn niemand für diese Kinder da ist und sie auch keine festen Strukturen in ihrem Leben haben,* dachte ich. Einer musste doch ihre Situation ändern! In den Schulen waren die Leistungen dieser Kinder oft schlecht. Ohne Hilfe von außen würde sich daran wohl auch nichts ändern. Um das zu erkennen, musste man kein Hellseher sein. Am Ende einer solchen Schülerkarriere steht nicht selten eine kriminelle Laufbahn.

Meine finanzielle Situation am Anfang unserer Berliner Zeit war nicht nur schwierig – sie war einfach katastrophal. Anders kann man es nicht ausdrücken. Als Pastor verdiente ich so wenig, dass wir praktisch von meinen kleineren Nebenjobs und dem Kindergeld lebten. Wir waren gezwungen, zusätzlich Sozialhilfe zu beantragen.

Die Mitarbeiterin des Sozialamtes glaubte uns nicht, dass wir tatsächlich nur von dem bisschen Geld lebten, das ich verdiente. „Sagen Sie mir erst, wovon Sie leben und woher Sie sonst noch Geld bekommen", forderte sie. Aber wir hatten keinen Sponsor, der uns half. Wir waren allein auf uns gestellt. Wie wir das hinbekamen, frage ich mich heute selbst immer wieder. Meine Frau zauberte damals mit ganz wenigen Mitteln immer wieder etwas auf den Tisch. Karin und ich lagen zu dieser Zeit oft nächtelang wach und zerbrachen uns die Köpfe über unsere Situation. War der Schritt, nach Berlin zu gehen, womöglich ein Fehler gewesen? Hätten wir nicht besser alles beim Alten lassen und in Lörrach bleiben sollen? Dort war es uns schließlich gut gegangen.

Ich erinnere mich an ein Weihnachtsfest zu dieser Zeit. Ich wusste nicht, was ich meiner Frau und den Kindern zu Weihnachten schenken sollte. Für die allermeisten Kinder ist Weihnachten ein ganz großer, wenn nicht sogar *der* Höhepunkt des Jahres, so natürlich auch für meine Kinder – und ich hatte kurz vor dem Fest keine Mark mehr in der Tasche. Dann las ich eine Anzeige in der Berliner Morgenpost: „Nachtportier im Hotel gesucht". War das meine Chance auf einen weiteren kleinen Zusatzverdienst?

Meiner Frau gefiel der Gedanke, dass ich noch eine Stelle annehmen würde, nicht besonders. „Du arbeitest schon sieben bis acht Stunden in der Gemeinde. Wie willst du dann auch noch nachts wach bleiben können, um als Portier zu jobben? Das hält deine Gesundheit nicht aus", warnte sie mich. Hinzu kam, dass unsere Kinder ja auch noch klein waren und auch Anspruch auf Zeit mit ihrem Vater hatten.

Mutete ich mir tatsächlich zu viel zu? Ich wusste nicht mehr ein noch aus. Trotzdem machte ich mit dem Hotel einen Termin aus. Weihnachten ohne Geschenke? Das große Fest der enttäuschten Erwartungen? Das wollte ich den Kindern und meiner Frau – und auch mir selbst – einfach nicht antun. Ich sah mich ohnehin schon als eine Art Verlierer.

Einen Tag später – ich kam gerade von einer Veranstaltung in unserer Gemeinde in Wedding – ging ich zum Briefkasten, um nach der Post zu schauen, und fand darin neben den üblichen Werbeprospekten einen dicken wattierten Umschlag. Der Brief war an Familie Siggelkow adressiert und trug keinen Absender. In der Küche gab ich meiner Frau einen Begrüßungskuss und fragte, ob sie Post erwarte. Karin war jedoch genauso überrascht über die Post wie ich. Neugierig öffneten wir den Umschlag – und trauten unseren Augen kaum: Darin lagen fein säuberlich zusammengelegt zehn 100-Mark-Scheine. Sonst nichts – kein Brief und kein Hinweis darauf, von wem das Geld kam. Nur diese 1.000 DM. Wir waren baff.

Die Stelle im Hotel nahm ich natürlich nicht an. Wir feierten dank der anonymen Spende ein wunderschönes Weihnachtsfest und es blieb ein ordentlicher Betrag für die kommenden Wochen übrig. Das war der erste Lichtblick am Ende eines langen Tunnels. In diesem Tunnel sollten wir jedoch noch vier lange Jahre leben.

Es waren schwierige Jahre, die ich nie wieder erleben möchte. Wir mussten auf sehr vieles verzichten, aber die Erfahrungen, die ich damals gemacht habe, haben mich geprägt. Ich kann seit dieser Zeit Menschen, die über Jahre, ja, manchmal ein ganzes Leben lang von Transferleistungen leben müssen, besser verstehen. Ich hatte damals schon meinen Glauben und auch meine Perspektiven und Pläne, die mich hoffnungsvoll in die Zukunft blicken ließen, viele andere haben das jedoch leider nicht.

Einmal – zu dem Zeitpunkt bestand unsere Einrichtung „Die Arche" schon seit einigen Jahren – stand ein völlig verzweifelter Vater in meinem Büro. Er hatte seinem Sohn versprochen, in seinem Zimmer Laminat zu verlegen. Allerdings war, aus welchen Gründen auch immer, sein Hartz IV noch nicht auf seinem Konto eingegangen. Er wollte seinen Sohn jedoch nicht enttäuschen, und so bat er mich, ihm für einige Tage Geld zu leihen. Dem Vater, eigentlich ein sehr robuster Mann, der seinen Sohn manchmal auch etwas zu streng behandelte, standen die Tränen in den Augen. Es ist natürlich immer heikel, Geld zu verleihen, von dem man nicht weiß, ob der andere es je zurückzahlen kann, dennoch gab ich es ihm. Heute weiß ich, dass der Mann sehr glücklich war, weil ihm jemand vertraute. Einige Tage später lag der Betrag, den ich ihm gegeben hatte, übrigens wieder auf meinem Schreibtisch.

Möglicherweise hätte ich ihm das Geld nicht geliehen, wenn ich selbst nie in einer ähnlichen Situation gewesen wäre. Ich kenne das Gefühl, das ein Vater hat, wenn er seinen Kindern nichts schenken kann, nur zu gut. Oft genug ging es mir ähnlich. Jedenfalls waren unsere ersten Berliner Jahre ein ständiger und durchaus quälender Überlebenskampf. Es gab mehr als nur einmal die Situation, in der wir uns die Frage stellten, ob wir unsere Flagge in Berlin wieder einholen sollten. *Bist du ein Versager!* – dieser Selbstvorwurf ist mir häufig durch den Kopf gegangen. Ich hatte meine Familie da in etwas hineingeritten, das ich nicht mehr überblicken konnte. So schwierig es finanziell für uns aber oft auch war – mir war es immer wichtig, nicht um etwas betteln zu müssen. Ich habe immer gute und zuverlässige Arbeit abgeliefert – und dafür erwartete ich auch das entsprechende Geld.

Zu Beginn unserer Berliner Tage wohnten wir in einer Wohnung in Steglitz. Diese Bude verschlang mehr als die Hälfte meines bescheidenen Gehalts. Wir hofften jedoch, in den Ostteil der Stadt ziehen zu können, der mir bereits ein Jahr zuvor so am Herzen gelegen hatte. Dort wollten wir Kinder- und Jugendarbeit machen und nirgendwo anders.

Aber in Hellersdorf gab es damals noch Wartelisten für die Wohnungen. Ein Mitarbeiter einer dortigen Wohnungsbaugesellschaft machte uns keine Hoffnungen. „Vielleicht finden wir in rund zwei Jahren etwas für Sie", sagte er zu uns.

Der Stachel der Enttäuschung saß tief. Doch wir wollten weg aus Steglitz. Und sechs Monate später fanden wir dann auch eine neue Wohnung in Strausberg im Speckgürtel von Berlin, wo die Wohnungen preiswerter waren. Hier konnten wir die Menschen aus der ehemaligen DDR besser kennenlernen. Fast vier Jahre wohnten wir hier; das waren wohl die schwierigsten Jahre in unserem Leben. Die tausend Mark, die kurz vor Weihnachten im Briefkasten lagen, motivierten mich aber wieder aufs Neue. Wir lernten nette Leute kennen und lebten uns ein. Über einen privaten Kontakt fanden wir dann auch eine schöne und bezahlbare Wohnung in Berlin-Hellersdorf.

1995 war für mich das frustrierendste Jahr in Berlin. Es ging kaum vorwärts, wir erlebten viel Widerstand, hatten nie Geld, und so fassten wir schließlich den Entschluss: Sollte sich an der Situation bis zum Jahresende nichts ändern, gehen wir wieder zurück nach Lörrach.

Doch nach und nach sprach sich herum, dass wir zahlreiche Aktivitäten für Kinder anboten. Ich hatte ja schon als Pastor für meine Kirchengemeinde Kinderfreizeiten veranstaltet, und damit hatte ich auch nicht aufgehört, als die Stelle gestrichen worden war. Jedes Mal fuhren immer mehr

Kinder mit, die mit der eigentlichen Kirchenarbeit wenig bis gar nichts zu tun hatten.

In diesem Jahr waren ungefähr zehn Kinder aus Hellersdorf mit dabei, und ich dachte mir: *Vielleicht ist das der Türöffner für das, was ich eigentlich wollte.*

Ich sprach eine der Mütter dieser Kinder an und fragte sie nach Menschen, die im Stadtbezirk Ähnliches umsetzen wollten wie wir, um den Kindern, die dort lebten, zu helfen. Die Frau freute sich richtig. Sie erzählte mir, es gebe da noch mehr Menschen in Berlin-Hellersdorf, die ein ähnliches Anliegen verfolgen würden wie ich. „Wir können uns ja mal mit denen treffen", sagte sie.

Im November des Jahres kam es dann zu einem ersten Treffen mit Gleichgesinnten. Viele von ihnen waren Christen, die eine Art Kirchenarbeit mit Schwerpunkt auf Jugend machen wollten. Wenig später gründeten wir eine evangelische Freikirche mit dem Ziel der Jugend-, Kinder- und Familienarbeit.

Das war die Geburtsstunde der Arche, obwohl wir anfänglich noch „Evangelische Freikirche Hellersdorf" hießen. Aber schnell stellte sich heraus, dass aus dieser einst geplanten Gemeinde ein Rettungsboot für Kinder und Familien entstehen sollte, nämlich eine Arche. Der erste Schritt war getan. Doch die Arbeit unserer Kirche war nicht ganz einfach. Wir lebten ja in einem Bezirk, der sich nicht gerade durch seine christliche Grundlage auszeichnete. Hier lebten viele Menschen, die mit Gott und der Kirche nichts anfangen konnten. Aber wir hofften, auch die Kinder dieser Familien zu erreichen.

Nachdem wir die Kirche als Verein hatten eintragen lassen, begannen wir langsam unsere Arbeit. Wir planten einen ersten größeren Kindergottesdienst. Dafür mieteten wir das Hellersdorfer Kulturforum, eine kleine Stadthalle im äußersten Osten der Stadt, und verpflichteten eine Band. Alles war sehr locker, ganz im Sinne der vielen, überwiegend jüngeren Besucher. Und wir gestalteten alles ganz offen und transparent. Transparenz ist für mich von elementarer Bedeutung. Die Arche ist eine christliche Einrichtung, aber jeder soll und kann sehen, dass wir keine Sekte sind. Wir tun unsere Arbeit öffentlich und ziehen auch keine Gardinen vor unsere Fenster. In diesem Zusammenhang denke ich immer an das Schaufenster der Tierhandlung meines Vaters. Die Arche muss wie ein großes Schaufenster sein.

In den Wochen danach ging es richtig los. Ich besuchte Kinderspielplätze, um mit den Kindern zu spielen, um mich mit ihnen zu unterhalten und sie und ihre Nöte kennenzulernen, wir veranstalteten Kinderpartys und weitere Events für die jungen Menschen in diesem Bezirk. Dann luden wir eine andere christliche Jugendorganisation aus der Stadt ein, mit uns zusammen ein großes Kinderfest auf die Beine zu stellen. Dafür mieteten wir einen großen Saal an. Das war natürlich in diesen Anfangstagen aufgrund der Kosten für uns ein großes Risiko, aber dieses Risiko waren wir bereit einzugehen.

Weil wir vermeiden wollten, dass wir vor halb leeren Reihen standen, verteilten wir im Vorfeld der Veranstaltung Handzettel und informierten die lokale Presse. Die berichtete einen Tag vorher auch ausführlich über unsere Veranstaltung. Unsere Werbung zeigte ihre Wirkung:

In dem Saal, in dem das Kinderfest stattfinden sollte, gab es Platz für ungefähr 100 bis 150 Kinder. Doch als wir die Pforten für die Veranstaltung öffneten, drängten sich rund 300 Kids und Jugendliche hinein! Der Saal platzte aus allen Nähten, sodass wir leider über 100 Kinder wieder nach Hause schicken mussten. Aber immerhin: Der Anfang war gemacht.

Schon wenige Tage später starteten wir mit einem wöchentlichen Kinderprogramm in einem Hellersdorfer Jugendklub. Zusätzlich hielten wir in unserem Wohnzimmer kleinere Kinderveranstaltungen ab. Außerdem boten wir als Freikirche natürlich sonntags Gottesdienste an.

Unsere Ausgaben hielten sich damals in Grenzen. Die Räume in dem Jugendklub durften wir kostenlos nutzen. Nur für den Gottesdienst im Kulturforum in Hellersdorf, den wir monatlich durchführten, mussten wir Geld auf den Tisch legen. Doch auch das bewegte sich in einem akzeptablen Rahmen.

Insgesamt waren wir zu Beginn der Arbeit neun Familien, die diese Aktivitäten innerhalb der Freikirche finanzierten. Im Laufe der Zeit kamen einige weitere Familien dazu. 1998 wurde dann in dem Plattenbau, in dem wir zwei Jahre vorher eine Wohnung angemietet hatten, ein kleines Ladenlokal frei, in dem vorher ein Fotogeschäft gewesen war. Ich überlegte nicht lange und bewarb mich als Mieter für diese Räume. 2.000 Mark sollten wir dafür monatlich bezahlen. War das aus eigener Kraft für unsere kleine Gemeinde zu schaffen? Wir gingen das Risiko ein und unterschrieben den Mietvertrag.

Wenn meine Frau und ich vor unserem Umzug nach Berlin gewusst hätten, was für eine kräftezehrende Arbeit vor uns lag – wer weiß, ob wir den Mut dazu gehabt hätten, das beschauliche Lörrach zu verlassen. Und trotzdem kann ich heute nur sagen: Wir bereuen nicht, diesen Schritt damals getan zu haben. Auch wenn wir uns in dieser schwierigen Anfangszeit immer wieder gefragt haben, ob die Entscheidung die richtige gewesen war, so hatten wir doch das Gefühl, dass das, was wir taten, genau die Aufgabe war, die uns aufs Herz gelegt worden war.

Einmal fragte mich ein Journalist, warum ich diese ganze Arbeit auf mich nähme. Aus den Kindern würde doch eh nichts werden, man brauche sich doch nur die Eltern anzuschauen. Ich habe ihm widersprochen. Denn in jedem Kind steckt Potenzial, und das muss erkannt, geweckt und gefördert werden. Bei vielen Kindern wird dieses Potenzial aber leider nicht geweckt, ja, nicht einmal erkannt, weil die Eltern dazu nicht in der Lage sind oder weil sie mit ihren eigenen Problemen beschäftigt sind. Oft können sich die Kinder keinen Sport-, Musik- oder Nachhilfe-unterricht leisten, manchmal auch einfach deshalb, weil die Eltern das Geld der Kinder für andere Dinge ausgeben. Eigentlich müssten die Schulen ihren Bildungsauftrag er-füllen und die Defizite dieser Kinder ausgleichen. Das pas-siert aber nicht. Die meisten dieser Kinder wissen heute schon, was aus ihnen wird – oder besser: was *nicht* aus ihnen wird. Ich sehe sie jedoch nicht nur als das, was sie sind – sondern auch als das, was sie sein könnten, wenn sie optimal gefördert würden. Dieses ganz andere Bild stimmt mich hoffnungsvoll, und das ist es, was mich von Anfang an angetrieben hat.

Zweifellos hat mir aber auch mein Christsein geholfen, diesen Weg zu gehen. Liebe und Beziehung sind die Schlüs-sel zum Herzen jedes Menschen. Wenn ich heute mit Leu-ten spreche, die sich irgendwann entschieden haben, Christ zu werden, dann stelle ich fast immer fest, dass am Anfang ihres Glaubenslebens meist die Beziehung zu einem Men-schen stand, der Christ war. Das heißt: Nicht eine feurige Predigt hat ihnen den Glauben nahegebracht, sondern das Vorbild eines Christen aus ihrem Umfeld. Ich kann nieman-den allein durch Reden von meinem Glauben überzeugen. Man kann viel erzählen, aber ob man es mir abnimmt, das steht auf einem anderen Blatt. Gerade die Kinder und Ju-gendlichen beobachten einen bei dem, was man tut, und dabei liegt die Messlatte sehr hoch. Das Zauberwort heißt

„Liebe". Fehlt uns die, dann geht die Arche unter. Jeder Mensch sollte Liebe erfahren.

Es kommen viele Leute aus den verschiedensten Kirchen und Gemeinden und aus ganz unterschiedlichen Institutionen zu uns in die Archen, die mit Kindern arbeiten und von uns lernen wollen. Wenn ich sie frage: „Was ist deine Motivation? Warum willst du mit Kindern arbeiten?", dann kommt oft die Antwort, wie sie für nicht wenige Christen typisch ist: „Jesus ist den Menschen nachgegangen, weil er sie liebt. Und deswegen wollen wir es auch tun. Wir wollen Jesus nacheifern."

Darauf sage ich den Leuten: „Das stimmt. Aber das allein reicht nicht! Wenn du sagst, nur weil jemand ‚anderes', also Gott, den Menschen liebt, muss ich das jetzt auch tun, dann lass lieber die Finger von diesem Beruf." Es reicht nicht, die Menschen, mit denen wir zu tun haben, zu lieben, nur weil Gott sie liebt. Wenn es so ist, wird es immer ein „Muss" bleiben. Es kommt aber auf den inneren Antrieb an. Ich muss die Kinder aus meinem Herzen heraus lieben. Dann, und nur dann, kann man diese Arbeit nachhaltig und gewinnend tun.

Das soll nicht heißen, dass es auf Gott nicht ankäme. Er ist der eigentliche Motor und die tägliche Hilfe, ohne die gar nichts geht. In meiner Arbeit erlebe ich fast täglich Situationen, in denen ich an meine Grenzen stoße. Ich komme immer wieder in Familien, wo ich mit Dingen konfrontiert werde, vor denen ich am liebsten weglaufen würde. Manchmal ist man ja auch gezwungen, das Jugendamt oder die Polizei einzuschalten. Vieles, was ich im Zuge meiner Arbeit sehen und miterleben muss, kann ich kaum verarbeiten. Das Seelsorgegeheimnis, dem ich als Pastor verpflichtet bin, verbietet es mir ja, mit anderen Menschen – selbst mit meiner eigenen Frau – darüber zu sprechen.

Dann bin ich froh und dankbar, dass ich mich im Gebet bei Gott „ausheulen" darf. Wie andere Menschen, die diesen Trost nicht haben, ihren Alltag in der Sozialarbeit packen, weiß ich nicht. Mir bedeutet das Wissen, nie allein zu sein, jedenfalls unheimlich viel.

Die Arche legt ab

Endlich ein Ladenlokal für die offene Kinder- und Jugendarbeit!

Hatte ich mein Ziel erreicht?

In dieser Zeit wachte ich nachts oft auf und dachte darüber nach, ob ich wirklich alles richtig gemacht hatte. Die monatlichen Kosten von rund 2.000 Mark für das kleine Ladenlokal unter unserer Wohnung waren nicht zu unterschätzen. Und als ob das nicht genug wäre, kamen auch noch weitere Belastungen auf uns zu. Wir hatten korrekterweise das Jugendamt in Hellersdorf über unser weiteres Vorhaben informiert, und das machte uns gleich erste Auflagen, die die Kosten in die Höhe trieben. So mussten wir zum Beispiel die sanitären Räume umfangreich umbauen. Wir brauchten neue Toiletten, getrennt für Jungen und Mädchen, und das kostete richtig Geld. Ich benötigte weitere 10.000 Mark. Voller Sorge wandte ich mich an eine befreundete Gemeinde in Mettmann und zudem an eine christliche Stiftung. Mit ihrer Hilfe konnten wir im Laden weitere Renovierungsarbeiten beginnen, und das alles in Eigenarbeit. Nach vier Wochen konnte es aber losgehen und wir öffneten die Türen für die Kinder – zunächst einmal in der Woche.

Mir war bewusst, dass die Räume eigentlich von Anfang an zu klein waren. Aber was sollte ich machen? Es gab zu dieser Zeit in Hellersdorf keine anderen Räumlichkeiten. Und dann entschloss ich mich, etwas zu tun, von dem die

Mitglieder meiner Kirchengemeinde zu diesem Zeitpunkt alles andere als begeistert waren: Ich wollte die Einrichtung täglich öffnen. Wir mussten jeden Tag für die Sorgen und Probleme der Kinder da sein, nicht nur einmal in der Woche.

Unsere Freunde aus der Kirchengemeinde machten sich Sorgen um mich. Sie meinten, ich könnte mich mit meiner Arbeit übernehmen. Sie hielten es für ratsamer, vorerst einmal in der Woche auf ehrenamtlicher Basis mit der Arbeit weiterzumachen.

Ich bot ihnen an, gemeinsam mit meiner Frau den Hauptteil der Arbeit zu tragen; die anderen Mitglieder könnten sich dann die restliche Arbeit an ihren freien Tagen teilen. Und ich setzte mich durch.

So gut ich konnte, versuchte ich an den Nachmittagen da zu sein – was nicht immer einfach war, denn die Brötchen zum Lebensunterhalt mussten ja auch verdient werden. Aber irgendwie ging es immer. Immerhin war das der Dienst an Kindern und Jugendlichen, von dem ich immer geträumt hatte. Jetzt und hier hatten wir die einmalige Chance, vielen Kids zu helfen und sie nachhaltig zu unterstützen.

Zu der Zeit mussten immer mehr Jugendklubs, vor allem im Osten der Stadt, aus finanziellen Gründen schließen. Deshalb war es in meinen Augen umso wichtiger, dass wir die Möglichkeit hatten, mehr Jugendlichen eine Anlaufstelle zu bieten. Ich wandte mich schließlich an das Bezirksamt und erklärte, dass wir größere Räumlichkeiten benötigten. Wir hatten ein Konzept über unsere Arbeit und unsere Ziele erstellt und bei dem Amt abgegeben in der Hoffnung, Unterstützung in unserem Vorhaben zu finden. Doch die Stadt wollte, dass wir mit anderen Institutionen kooperieren. Das waren jedoch oft Vereine mit ganz anderen Inhalten, zum Beispiel Umweltorganisationen, und das passte nicht in unser Konzept für die Arbeit mit Kindern. Deshalb verzichteten wir auf die besondere Förderung und begnügten uns vorerst weiter mit dem kleinen Ladenlokal.

Dort ging seit dem ersten Tag die Post ab. Die Kinder, die nicht mehr reinkamen, weil es schon zu voll war, konnten ja durchs Fenster schauen und sahen so, was drinnen los war. Die Existenz der Arche sprach sich schnell herum. Nichts funktioniert besser als der Hausfunk auf den Schulfluren.

Es dauerte nicht lange, bis Mitarbeiter des Bezirksamtes an unsere Tür klopften. Ein Jugendklub in der unmittelbaren Nachbarschaft zu unserem Ladenlokal war frei geworden. Die Räumlichkeiten waren zwar ziemlich heruntergekommen, dafür maßen sie aber nicht nur 75 Quadratmeter, sondern sage und schreibe 400 Quadratmeter, und das war schon ein erheblicher Unterschied. Kein Kind würde in Zukunft mehr nach Hause geschickt werden, weil wir keinen Platz hatten!

Doch bevor wir einziehen konnten, gab es dort noch viel zu tun. Wie gesagt: Die Räumlichkeiten waren ziemlich heruntergekommen. Es gab nur kaltes Wasser und die Toiletten waren in einem schlimmen Zustand. Aber endlich hatten wir große, helle Räume und genug Platz für Kinder und vor allem für Jugendliche, um die wir uns bisher nur wenig kümmern konnten.

Die Renovierung nahmen wir selbst in die Hand, denn selbstverständlich hatten wir damals auch kein Geld für Handwerker. Während der Arbeiten standen viele Jungen und Mädchen vor der Tür und drückten sich an den Scheiben die Nasen platt. Auch hier gab es wieder viele Fenster, viel Glas und viel Licht. Wir öffneten die Türen und luden die Jugendlichen ein hereinzukommen. Sie boten sofort an mitzuhelfen. Minuten später war die Arbeit verteilt, und so ging es schnell voran. Viele der Jugendlichen kamen von da an regelmäßig zu uns in die Einrichtung, und so verdoppelte sich die Zahl unserer Besucher von jetzt auf gleich.

Am 1. Januar 1999, elf Monate nach Beginn unserer Arbeit in dem kleinen Ladenlokal, zogen wir offiziell in diesen ehemaligen Jugendklub.

Dann machten wir uns Gedanken über eine Expansion unserer Arbeit. Statt einmal im Monat feierten wir jetzt einmal in der Woche einen Gottesdienst. Wir freuten uns über immer mehr Besucher. Es waren enorm viele Gäste da, über die Hälfte davon Jugendliche, und das in einem Bezirk, in dem sich die paar Christen, die es dort gab, jeden Morgen mit Handschlag hätten begrüßen können. Im Osten Berlins gehörten schon damals weniger als zehn Prozent aller Einwohner einer Kirche an.

Ab sofort öffneten wir unser Zentrum jeden Tag für Kinder und Jugendliche. Freitags schlossen wir erst dann unsere Türen, wenn der Letzte nach Hause ging – das war manchmal erst um vier Uhr morgens. Das ging ganz schön an unsere Kräfte. Aber wohin sollten die jungen Leute sonst gehen?

Nach ein paar Wochen machte uns der Bezirk Hellersdorf einen Strich durch die Rechnung. Wir sollten schon um 22:00 Uhr schließen, hieß es. Dieser Aufforderung leisteten wir brav Folge, aber die jungen Leute gingen anschließend natürlich nicht nach Hause. Sie hingen woanders ab, waren wieder auf sich selbst gestellt – und hatten somit die Möglichkeit, auf dumme Gedanken zu kommen.

Damals gab es zudem in Berlin-Hellersdorf eine sehr starke rechtsextreme Szene, von der sich vor allem sehr junge Leute angezogen fühlten. Natürlich hatten die meisten von ihnen keinen Job und hingen den ganzen Tag in der Stadt ab. Nirgends gab es einen Platz für sie, sie fühlten sich wie Aussätzige. Sie gingen nicht mehr zur Schule und aufgrund ihres

Aussehens fanden sie auch keine Lehrstelle. Viele von ihnen hatten eine Glatze und trugen die für sie markante Kleidung mit den auffälligen Stiefeln. Einige waren zusätzlich noch tätowiert und gepierct. Der normale Bürger machte auf der Straße einen großen Bogen um sie.

Eine große Gruppe von ihnen, es waren ungefähr 50 überwiegend junge Männer, fing an, vor unserem Jugendzentrum herumzulungern. Die Türen waren noch verschlossen, da unsere Einrichtung erst um 14:00 Uhr die Pforten öffnete. In unserer Nachbarschaft gab es einen Lebensmittelladen und einige andere Geschäfte. Den Inhabern gefiel es natürlich ganz und gar nicht, dass sie sich dort aufhielten, da sich die Kunden nicht mehr in die Geschäfte trauten.

Die Jugendlichen suchten einfach einen Platz, an dem sie sich aufhalten konnten, aber sobald sie auch nur in die Nähe unseres Jugendklubs kamen, riefen die Anwohner die Polizei, und die jungen Leute bekamen ein Platzverbot auferlegt. Viele der Skinheads waren eigentlich ganz normale Jugendliche, die jedoch durch vermeintliche Freunde, die in der Regel älter als sie selbst waren, verblendet waren.

Wir verschlossen unsere Türen nicht vor ihnen. Natürlich brachten sie hin und wieder Unruhe in die Arche. Einige ihrer Leithammel wollten unsere Einrichtung als Stützpunkt der rechten Szene etablieren und versuchten, uns einzuschüchtern. Ich setzte mich aber gegen sie durch. Die älteren dieser Jugendlichen merkten schnell, dass wir uns nicht verdrängen ließen. Mit der Zeit wuchs sogar ihr Vertrauen uns gegenüber, sodass wir mit ihnen reden und sie dabei besser kennenlernen konnten.

Ich spürte bei vielen von ihnen eine große Leere und Einsamkeit. Die jungen Leute hatten Stress in ihren Familien, ja, mit fast allen Menschen in ihrem Umfeld. Das konnte nicht gut gehen, hier schlummerte ein hohes kriminelles Potenzial. Die große Mehrheit dieser jungen Menschen hatte einen guten Kern, der jedoch von den Dogmatikern der rechtsextremen Szene bearbeitet wurde. Ich bekam plötzlich Angst vor der Zukunft, ja, Angst auch vor der Zukunft dieser jungen Leute. Was sollte nur aus ihnen werden – ohne einen Schulabschluss und ohne einen Ausbildungsplatz?

Ich suchte das Gespräch mit dem Jugendamt und der Polizei. Es könne doch nicht sein, so argumentierte ich ihnen gegenüber, dass man diese Menschen auf den sozialpolitischen Müllhaufen werfe. Meine Argumentation war ganz einfach. Ich sagte den Beamten, dass gerade die rechtsextremen Jugendlichen immer wieder verdrängt würden, von fast allen gesellschaftlichen Gruppierungen. Sie seien so etwas wie politische Nomaden, die von einem Ort zum anderen wandern müssten. „Diese jungen Leute brauchen eine Anlaufstelle, sonst haben wir sie für immer verloren", warb ich leidenschaftlich.

Daraufhin fragte der Hellersdorfer Polizeichef: „Wollen Sie sich denn um jeden einzelnen gestrauchelten Jugendlichen kümmern, Herr Pastor Siggelkow?"

Ich war mir nicht sicher, wie er das meinte. Aber ich bejahte und machte ihm deutlich, dass jeder dieser jungen Menschen eine Chance verdiene. Meine Gesprächspartner schauten mich skeptisch an. „Na, dann legen Sie mal los!", sagten sie.

Das Gespräch hatte also leider nicht den Erfolg, den ich mir erhofft hatte. Dennoch machten wir mit unserer Arbeit weiter. Wir führten unzählige Gespräche mit den Jugendlichen und es gab regelrechte Machtkämpfe. Aber letztendlich zeigte unsere Mühe Erfolg. Innerhalb eines knappen Jahres löste sich die gesamte organisierte rechtsextreme

Szene in Hellersdorf auf. Die jungen Leute hatten einen Hafen gefunden.

Natürlich wurden aus ihnen nicht von einem Tag auf den anderen brave Bürger. Immer wieder mussten wir vor allem die Rädelsführer in die Schranken weisen, aber der größte Teil der Jugendlichen erkannte, dass der Hass gegen alles Fremde und Ungewohnte durch nichts zu begründen war.

Durch diese ersten größeren Erfolge wurde der Bezirk auf unsere Arbeit aufmerksam, und so flatterte mir irgendwann eine Einladung des Jugendamts auf den Tisch. Ich sei ja kein gelernter Pädagoge, hieß es da, und ich müsse mich auf Herz und Nieren prüfen lassen, wenn ich weiter Jugendarbeit leisten wolle. Ich fand das schon seltsam: Wir hatten die Skinheadszene in Hellersdorf gesprengt, jeden Tag kamen unzählige Kids in unsere Einrichtung – und jetzt musste ich meine pädagogischen Fähigkeiten beweisen. Aber Jugendarbeit war für mich auch in der Theorie keine unbekannte Größe, denn ich musste mich in meiner theologischen Ausbildung ausführlich damit beschäftigen, und so ging schließlich auch alles gut. Das Bezirksamt lobte uns letztendlich sogar für die Erfolge unserer Arbeit.

Wir gingen dann noch einen Schritt weiter: Beim Hellersdorfer Jugendhilfeausschuss stellten wir einen Dringlichkeitsantrag, unsere Arbeit finanziell zu unterstützen, und zu unserer großen Freude hatten wir mit dem Antrag Erfolg. Zum 1. Januar 2001 wurde meine Stelle als Leiter der Jugendeinrichtung vom Bezirk finanziert.

Ich konnte es nicht fassen! Dafür hatte ich viele Jahre kämpfen und unzählige Entbehrungen auf mich nehmen müssen. Und mit einem Schlag waren unsere existenziellen Sorgen Vergangenheit. Ich gab meine Nebenjobs auf und kümmerte mich nur noch um „meinen" Jugendklub. Ich hätte die ganze Welt umarmen können.

Die Arbeit explodierte regelrecht. Schon nach wenigen Monaten wurde es in den neuen, großen Räumen viel zu eng. Immer mehr Kinder und Jugendliche strömten in die Einrichtung. Die Kinderpartys galten in den Schulen des Bezirks als Geheimtipp.

Dann hörte ich, dass ein ehemaliges Schulgebäude in der Nachbarschaft frei werden sollte. Es lag an der Tangermünder Straße, mitten in einem sozialen Brennpunkt. Von außen wirkte das Gebäude ziemlich heruntergekommen, auch innen waren viele bauliche Mängel zu erkennen. Aber in der Schule gab es auch eine Wohnung, groß genug für unsere Familie, denn aus den fünf Siggelkows, die 1992 nach Berlin gezogen waren, waren mittlerweile acht geworden. Dieses Gebäude war wie geschaffen für eine Arche! Bis zu 500 Kinder und Jugendliche würde man in dem Gebäude und auf den Außenanlagen gleichzeitig betreuen können. Vor allem war hier auch Platz für eine Küche und einen Essbereich, denn in den vielen Gesprächen mit den Kindern und Jugendlichen hörten wir von immer mehr Kindern, dass sie, aus welchen Gründen auch immer, ohne Frühstück in die Schule gingen. Auch gab es zu Hause oft kein warmes Mittagessen.

Dieses Gebäude mussten wir einfach bekommen! Doch leider war das nicht ganz einfach, obwohl es außer uns keine Interessenten gab. Die Verhandlungen mit dem Bezirk zogen sich in die Länge. Dann kam augenscheinlich der Durchbruch. Man teilte uns mit, dass wir das Gebäude nutzen könnten, und das sogar mietfrei. Es gebe ja keine Mitbewerber, wir müssten nur für die Renovierung sorgen, so hieß es aus dem Rathaus. Es sei aber noch ein kleiner formaler Schritt notwendig. Die eigentliche Entscheidung müsse der zuständige Jugendhilfeausschuss treffen, doch das sei kein Problem. Die Freude bei uns war zunächst groß. In dem

Glauben, dass alles gut gehen würde, kündigten wir den Mietvertrag unseres Jugendklubs und unsere Wohnung.

Dann die Ernüchterung: Der Jugendhilfeausschuss lehnte unsere Bewerbung ab! Wirkliche Gründe dafür gab es nicht. Immerhin hatten wir in den vergangenen Jahren eine sehr gute Arbeit geleistet, die eigentlich der Bezirk hätte machen müssen. Der aber schloss einen Jugendklub nach dem anderen. Die Lage für die Kids in Hellersdorf war nicht gerade rosig. Und auch unsere Zukunft wirkte auf einmal wieder düster. Das Licht am Horizont, das wir nun schon eine längere Zeit erblicken konnten, verdunkelte sich wieder.

Während dieser Zeit planten wir eine Ferienfreizeit mit unseren Kindern. Aber ich konnte mich nur schwer auf meine Arbeit konzentrieren. „Kommen Sie in einigen Monaten wieder, dann sehen wir mal weiter", wurde uns von der lokalen Politikszene gesagt.

Ich war verzweifelt. Auch unsere ehrenamtlichen Mitarbeiter waren zutiefst enttäuscht. Was konnte ich tun?

In meiner Not schrieb ich einen Leserbrief an eine Berliner Tageszeitung. Ich tippte meinen ganzen Frust in die Tastatur meines Computers, beschrieb die Lage der Kinder und meine persönliche Situation.

Zwei Tage später wurde der Leserbrief abgedruckt. Er schlug ein wie eine Bombe. Bei mir zu Hause stand das Telefon nicht mehr still. Auch das Bezirksamt wollte mich sprechen, unmittelbar nachdem ich mit den Kindern wieder zurück aus dem Camp käme.

Als ich schließlich vor dem zuständigen Beamten saß, hielt der mir meinen Leserbrief unter die Nase. „Wie können Sie nur so etwas machen?", war sein erster Satz.

„Na ja", entgegnete ich, „Sie müssen meinen Frust schon verstehen. Wir haben eine Zusage bekommen und daraufhin unseren Mietvertrag gekündigt. Der Umzug ist geplant –

und dann kommt Ihre Absage. Irgendwie habe ich das Gefühl, dass Sie uns mit Füßen treten wollen."

Der Mann wies diesen Vorwurf weit von sich. Und dann kam die Kehrtwende, so plötzlich wie unerwartet: „Es geht alles klar", sagte der Mann zu mir. „Sie können das Gebäude haben."

Was für eine Überraschung! Zum ersten Mal hatten die Medien für uns und die Kinder aus Hellersdorf einen großen Brocken aus dem Weg geräumt, an dem wir uns fast verschluckt hätten. Der Bezirk musste einen Rückzieher machen.

Was wirklich der Grund für diese ganzen Probleme war, weiß ich letztlich nicht. War der Grund für das Misstrauen gegenüber unserer Arbeit der, dass wir eine christliche Einrichtung waren? Ich war mir da nicht ganz sicher.

Ein paar Monate dauerte es noch, bis wir das Gebäude beziehen konnten. Zum Glück durften wir unseren privaten Mietvertrag noch ein bisschen verlängern. Im Bezirk gab es schon die ersten Gerüchte, wir seien obdachlos geworden.

Endlich, Mitte Dezember, lag uns dann aber der Mietvertrag für das Schulgebäude vor. Wie versprochen mussten wir keine Miete bezahlen, sondern „nur" die Betriebskosten und die Umbauarbeiten, was jedoch, wie sich noch herausstellen sollte, auch nicht gerade wenig war. Dennoch: Es war ein unglaubliches Angebot!

Ich setzte mich an meinen Schreibtisch und ließ die letzten Jahre noch einmal Revue passieren. Dann nahm ich einen Kugelschreiber und setzte meine Unterschrift unter den Vertrag. Damit hatten wir eine neue Wohnung und die Arche einen neuen Hafen.

Die Rückkehr der Suppenküche

Suppenküchen in Deutschland? In unserer Zeit? Für viele ist das ein Aberwitz. Man denkt bei Suppenküchen eher an Dritte-Welt-Slums, vielleicht auch an historische Situationen in Europa, als Massenarbeitslosigkeit die Menschen hungrig auf die Straße trieb. Aber im Wohlfahrtsstaat Deutschland des 21. Jahrhunderts? Das kommt vielen Zeitgenossen mächtig übertrieben vor. Und ich gebe zu: Es hat tatsächlich etwas Skandalöses, wie viele Kinder auf so etwas heute (wieder) angewiesen sind.

Bei uns in der Arche stehen Kinder täglich für ein Essen an, weil ihre Eltern kein Geld dafür haben oder weil sie, aus welchen Gründen auch immer, ihren Verpflichtungen nicht nachkommen. Fast 40 Prozent aller Kinder aus Familien, die Transferleistungen beziehen, gehen heute ohne Frühstück in die Schule, das haben Umfragen ergeben.

Was bedeutet das? Diese Kinder können natürlich im Unterricht ihr Leistungspotenzial nicht abrufen. Sie sind oft aggressiver als ihre Mitschüler und können sich schlechter konzentrieren. Wir haben dazu in jüngster Zeit in den Schulen, die wir als Arche mit einem kostenlosen Frühstück beliefern, zahlreiche Erfahrungen gesammelt. Die Lehrer von zwei Grundschulen in Berlin-Hellersdorf und -Marzahn stellen fest, dass sie seit Einführung des kostenlosen Frühstücks erheblich besser mit den Schülern arbeiten können.

Folgerichtig müssen wir in Deutschland schon bei den jüngsten Schülern ansetzen, um die Situation zu verbessern. Kinder haben einen Anspruch auf ein gesundes Essen, ganz gleich, ob ihre Eltern diesem Anspruch gerecht werden können oder nicht. Logistisch ist dieses Problem leicht zu lösen. Zum Beispiel könnten die Schulen in Deutschland täglich ein kostenloses Frühstück und Mittagessen für alle Kinder ausgeben. Dann würde auch die Stigmatisierung solcher Kinder, die zu Hause nicht mit Mahlzeiten versorgt werden, ein Ende finden. Man könnte das dafür notwendige Geld mit den Transferleistungen und dem Kindergeld, aber auch mit den möglichen Erhöhungen dieser Sätze verrechnen. Die Kinder brauchen für die Stillung solch elementarer Bedürfnisse ein eigenes Grundeinkommen, unabhängig von ihren Eltern. Dann kann man sie besser fördern und sie haben auch einen besseren Zugang zur Ausbildung an den Schulen.

Doch zurück zu unserer ersten Arche. Wir merkten schnell, dass viele unserer kleineren und größeren Besucher den ganzen Tag mit Magenknurren durch die Einrichtung liefen. Wir gaben ihnen belegte Brote und Kuchen zu essen. Wir fragten sie, ob sie heute denn überhaupt schon etwas gegessen hätten. Viele der Kinder verneinten. Zu Hause gab es weder ein Frühstück noch ein Mittagessen. Da galt es, Abhilfe zu schaffen. Das Essen für unsere jungen Gäste bezahlten wir aus der eigenen Tasche. Damals forderte ich dann in einem meiner ersten Interviews mit einer Berliner Zeitung, der Berliner Morgenpost, ein kostenloses Mittagessen für alle Kinder. Dieses Interview erregte großes Aufsehen, denn Kinderarmut war zu dieser Zeit für die Öffentlichkeit noch kein Thema.

Im Jahr 2000 gab es dann den ersten Berliner Armutsbericht. Die Ergebnisse gaben uns praktisch auf allen Ebenen recht. Immer mehr Kinder gerieten in Not – unverschuldet natürlich, sie konnten ja nichts dafür. Wir mussten handeln. Und damit hatten wir wieder ein Problem, denn uns fehlte wie immer das Geld. Wie sollte eine geregelte, kostenlose Essenausgabe an diese Kinder überhaupt finanziert werden? Würden die Kinder das gesponserte Essen überhaupt annehmen? Würden die Eltern dieser Kinder ihrem Nachwuchs erlauben, in eine sogenannte Suppenküche zu gehen? Fragen über Fragen, auf die ich erst Antworten finden musste.

In meiner Not rief ich bei der Firma Iglo an und erzählte einem Mitarbeiter von unseren Problemen in der Hauptstadt. Der Mann hatte ein offenes Ohr für mein Anliegen. Wir starteten einen Modellversuch: Iglo lieferte uns für eine Woche täglich 200 kostenlose Gerichte, die wir nur noch warm zu machen brauchten. Die Heilsarmee stellte uns für diese Aktion ein Fahrzeug zur Verfügung. Dann ging es los. Wir fuhren in die Nähe der Schulen und verteilten das Essen. Viele Kinder blieben stehen und tasteten sich vorsichtig an unsere mobile Ausgabestelle heran. „Ja, wir wollen was essen, wir haben Hunger", sagten viele von ihnen auf unsere Frage, ob sie ein Mittagessen haben wollten. Vorsichtig befragten wir sie. Wir mussten ja wissen, warum sie Hunger hatten. Das Ergebnis war erschreckend: Ein Drittel der Kinder sagte, bei ihnen zu Hause gebe es nur ein- bis zweimal wöchentlich ein warmes Essen.

Die Berliner Morgenpost gründete zu dieser Zeit ihren Verein „Berliner helfen", der uns für den Aufbau einer Suppenküche rund 9.000 D-Mark spendete. Ein erster kleiner Schritt war getan. Dann meldete sich die ARD mit der Sendung „Report" aus Mainz und fragte, ob wir diese Aktion, die wir mit der Morgenpost gemacht hätten, mit ihnen wiederholen könnten. Selbstverständlich hätten wir gerne sofort Ja gesagt, aber konnte man so etwas überhaupt machen? Durften wir die Kinder dem Fernsehsender „vorführen"? Diese Frage schwirrte mir sofort durch den Kopf. Dem Reporter sagte ich: „Wenn wir für diese Aktion eine Schule finden, die mitmacht, dann bin ich dabei." Ich setzte mich ans Telefon und sprach mit den Schulen, die ich kannte. Die Schulleiterin der Schule, die meine eigenen Kinder damals besuchten, sagte sofort zu. Die Frau wusste von vielen Schülern, die morgens ohne Frühstück in die Schule kamen. Wie viele es genau waren, konnte sie auf Anhieb nicht sagen. Die Direktorin fragte die Eltern ihrer Schüler, ob die Kinder an dieser Aktion teilnehmen dürften. Rund 110 Schüler machten mit. Das Fernsehteam begleitete die Aktion und befragte die Kinder zu ihrer Lebens- und Ernährungssituation. Und siehe da: Die Ergebnisse waren fast deckungsgleich mit denen unserer eigenen Umfragen. Auch in dieser Schule erhielt rund ein Drittel der Kinder höchstens zweimal in der Woche ein warmes Essen. War das der Standard in unseren Familien?

Und dann wurde – ich weiß es noch wie heute – am 9. April 2001 ein Fernsehbeitrag über diesen verrückten Pastor aus Berlin, Bernd Siggelkow, ausgestrahlt. Am selben Abend, unmittelbar nach der Sendung, meldete sich telefonisch eine Frau bei mir. Sie sei über 70 Jahre alt und habe ein Herz für Kinder, sagte sie. „Haben Sie denn genug Geld, um so ein Projekt auch durchzuhalten?", wollte sie von mir wissen.

Ich erzählte ihr von meinen Freunden und dass wir alle etwas Geld zurücklegten, um diesen Kindern zu helfen. „Und wenn mehr Kinder kommen, als Sie finanziell verkraften können?", fragte die Dame daraufhin.

Ich bekam einen Kloß im Hals. Ja, was wäre dann? Ich konnte diese Frage nicht beantworten. Ich hatte schlicht und ergreifend noch nicht alle Szenarien durchgespielt. Die Frau erspürte aus dieser Stille meine Ratlosigkeit und sagte: „Na, dann überweise ich Ihnen heute Abend noch 20.000 DM. Bitte geben Sie mir doch Ihre Kontonummer." Dieses unglaubliche Angebot dieser Dame wurde auch sofort in die Tat umgesetzt. Zwei Tage später war das Geld auf dem Konto unseres Vereins.

Das finanzielle Problem löste sich also auf so überraschende wie wunderbare Weise, doch wir hatten die Rechnung ohne die Bürokratie gemacht. Es stellte sich nämlich heraus, dass es nicht so ganz einfach war, in unserem Land hungrige Kinder mit einem kostenlosen Essen zu versorgen. Bilder von armen Kindern in den Zeitungen oder im Fernsehen zu sehen schockt fast alle Menschen und die Politik gibt sich machtlos. Über drei Millionen Kinder sind es inzwischen, die in Deutschland in relativer Armut leben. Und es werden immer mehr. Nur war damals dieses Thema in den Köpfen der Menschen noch nicht präsent. Mein Plan sah zunächst so aus, dass ich nach dem erfolgreichen Start der kostenlosen Essensausgaben mit der Firma Iglo und der Schule meiner Kinder weitermachen würde. Aber das Gesundheitsamt stellte sich quer. Die Küche der ersten Arche war nur elf Quadratmeter groß. Klar, das war nicht optimal und auch wir als Mitarbeiter hätten gerne mehr Platz gehabt, aber ein plausibler Hinderungsgrund für unsere Arbeit schien mir das dennoch nicht zu sein. Das Ergebnis, das uns das Gesundheitsamt nach einer Prüfung jedoch präsentierte, war für uns ernüchternd: „Sie dürfen die Küche nur als Essensausgabe nutzen, aber nicht darin kochen", hieß es aus der Hellersdorfer Verwaltungszentrale. Auch durften wir das Essen nicht in den privaten Küchen der Familien zubereiten, die uns halfen.

Der Einwand machte uns ein wenig ratlos. Denn wenn jeder von uns zehn eigene Kinder zu ernähren gehabt hätte, wäre es kein Problem gewesen, dass die Küche so klein war.

„Papa Bernd" Siggelkow

aus dem Archiv der Heilsarmee

Bernd Siggelkow als 17-Jähriger

Als Heilsarmee-Offizier

Mit 26 Jahren

Pastor in Berlin-Wedding; Gespräch mit dem Bürgermeister

Mit seiner Familie

Herzenssache

Die Arche-Kinder

Im Gespräch mit Bettina Cramer

Mit Rita Süßmuth

Der Eingang des Potsdamer Arche-Gebäudes

Eröffnung der Arche in Berlin-Reinickendorf mit Mario Barth

Unterwegs für eine gute Sache

Mit Mario Barth und einem Arche-Kind

Doch die Versorgung von Nichtfamilienmitgliedern wurde uns verboten. Dass diese Kinder weiterhin Hunger hatten, interessierte niemanden. Ich kochte also erst einmal kein Essen, dafür kochte ich vor Wut.

Wir mussten die Entscheidung der Behörde akzeptieren und fragten mehrere Catering-Firmen nach dem Preis für eine Mahlzeit an. Wir entschieden uns für die preiswerteste Firma. Sie wollte für 3 DM pro Portion Essen liefern. Die Zahl der Kinder, die zu uns kamen, stieg von Woche zu Woche. In der ersten Zeit aßen täglich rund 20 Kinder bei uns. Nach drei Wochen wurde unsere Essensausgabe fast gestürmt. 60 Kinder kamen mit leeren Mägen in unsere Einrichtung. Wir zahlten allein für das Essen 180 DM am Tag, 3.600 Mark im Monat. Die Ausgaben überschritten unser Budget, und ohne das Geld der Dame, die uns nach der ARD-Sendung angerufen hatte, wäre die Küche der Arche wohl schnell wieder geschlossen worden.

Aber die wunderbare, ja, familiäre Atmosphäre in der kleinen Arche entschädigte für vieles. Beim gemeinsamen Essen hatten wir die Möglichkeit, mit unseren jungen Gästen ins Gespräch zu kommen. Die Kinder erzählten uns von ihren kleinen und großen Problemen und in vielen Fällen konnten wir spontan und unkompliziert helfen. Wir lernten dabei unendlich viel über die Tristesse in armen Familien. In den seltensten Fällen sitzen die Eltern mit ihren Kindern an einem Tisch, viele haben überhaupt keinen Esstisch. Stattdessen sind Stühle und Sessel einfach um den Fernseher gruppiert. Dort ständig sitzend, sind die Kinder von einem tiefen Schweigen der Erwachsenen und dem Gemurmel aus der Flimmerkiste umgeben. Ein Gespräch kommt so zu Hause nicht zustande.

Später, mit dem Umzug in die große Arche – die bereits erwähnte ehemalige Schule –, wurden auch unsere Probleme größer. 3.600 Quadratmeter Fläche bedurften mehr oder weniger einer Grundsanierung. Zum Glück brauchten wir keine Miete zu bezahlen, aber der bauliche Zustand des Gebäudes war katastrophal. Wir zogen dort ja mit drei Familien ein und wollten die Mieteinnahmen für die Renovierung der Arche nutzen. So unser Plan. Doch die Toilettenanlagen waren – man kann es nicht anders ausdrücken – unter aller Sau. Auch die Ausgabeküche zeigte sich in einem schlimmen Zustand. Der Fußboden des Raumes, in dem die Kinder essen sollten, war mit Löchern übersät.

Wir mussten zuerst einige der Räume nutzbar machen und kinderfreundlich umgestalten. Wir mussten fast alles mit unseren eigenen Händen schaffen, für Handwerker war kein Geld da. Auch hatten wir die Auflage, in der Küche eine Anlage einzubauen, mit der das Ansaugen und der Ausstoß der Luft geregelt wird. Vor allem die Abluft war ein großes Problem für uns, durfte sie doch nur drei Meter über dem Dach abgeleitet werden. Dabei hatten wir keine unmittelbaren Nachbarn – es wäre viel preiswerter gewesen, wenn wir die Abluft direkt aus der Küche hinaus hinter dem Haus hätten ablassen dürfen. Doch da spielte das Land Berlin wieder einmal nicht mit.

Und dazu kam noch, dass wir einen Behindertenlift einbauen lassen mussten. Nun ist es zwar richtig, dass Gebäude möglichst behindertenfreundlich und entsprechend barrierefrei gestaltet werden sollten, nur betreuten wir überhaupt keine körperlich behinderten Kinder. Aber Vorschrift ist Vorschrift.

Der Behindertenlift würde 70.000 Euro kosten, das las ich in einer Zeitschrift. Die Renovierung der Küche lag bei rund 40.000 Euro. Das neue Arche-Gebäude verschlang Unsummen an Geld. Das Bild eines Rettungsschiffs verblasste vor meinem inneren Auge, und stattdessen stieg das Bild eines riesengroßen Raubtiers auf, dessen Maul immer hungrig geöffnet steht, um ein Geldscheinbündel nach dem anderen in sich hineinzufressen. Mit unseren Ressourcen würden wir das einfach nicht stemmen können.

Aber dann ging alles Schlag auf Schlag. Wir fanden eine Firma, die uns für einen akzeptablen Preis den Aufzug einbaute. Und die nette Spenderin, die uns schon damals die 20.000 DM überwiesen hatte, meldete sich noch einmal und übernahm die Kosten für die Küche in Höhe von 40.000 Euro. Ein guter Freund von mir, ein Handwerker, bot sich an, für uns zu arbeiten. Seine Rechnungen sollten wir erst bezahlen, wenn der Verein mal Geld für ihn übrig hätte.

Diese Woge der Solidarität rührte mich. Unsere zu betreuenden Kinder waren nicht allein. Wir fanden viele Helfer und Unterstützer. Ein weiterer Schritt war getan.

Von jetzt an gab es erst einmal jeden Tag ein einfaches Mittagessen für die Kinder. Mehr konnten wir uns vorerst nicht leisten. Das Essen mussten wir zwei Stockwerke höher servieren, bis wir das notwendige Geld für die Renovierung des „Restaurantbereichs" zusammenhatten. Bis heute stufen die Berliner Behörden die Küche und die Essensausgabe der Arche als Restaurant ein. Deswegen sind auch die Auflagen so hoch. Aber jetzt konnte es erst einmal richtig losgehen. Wir wollten mit einer tollen Feier unser Haus eröffnen.

Theater mit der
Hand an der Waffe

Mitten in dem gigantischen Umbaustress, den wir mit dem neuen Arche-Gebäude hatten, lag eines Tages in unserem Briefkasten eine Einladung zu einer großen Gala. Christina Rau, die Gattin des damaligen Bundespräsidenten Johannes Rau, gab sich in Schloss Bellevue die Ehre. Als Gäste herausgesucht hatte sie sich unter anderem Menschen, die durch eine erfolgreiche soziale Arbeit auf sich aufmerksam machten. Die Berliner Zeitungen schrieben inzwischen immer öfter über uns, und so war man im Büro der First Lady auf die Arche gestoßen. Diese Gala, das hatte ich im Gefühl, war für die Arche sehr wichtig. Generell sind wir davon überzeugt: Je mehr Aufmerksamkeit wir haben, desto besser und schneller können sich die Lebensumstände unserer Kinder zum Positiven verändern. Ohne die Hilfe der Politik haben viele keine Chance, das ist leider so.

Zugegeben, für meine Frau Karin und mich war es schon ziemlich aufregend, den Dienstsitz des ersten Mannes im Staate aufzusuchen – und das auch noch auf Einladung seiner Frau. Ich nahm meinen dunklen Anzug aus dem Schrank und schaute nach, ob mit ihm alles in Ordnung war. Wann trug ich schon mal einen Anzug?! Bei unseren jungen Besuchern kann ich im feinen Tuch nicht punkten. Aber er würde für diesen Anlass mal wieder in Gebrauch kommen.

In der Nähe des Schlosses fanden wir einen Parkplatz und dann stellten wir uns in die lange Reihe der Gäste. Wir sahen Unmengen an Fotografen und viele prominente Gesichter, die wir sonst nur aus dem Fernsehen kannten: Politiker, Schauspieler und viele andere „wichtige" Menschen. Das faszinierte mich natürlich, aber es war (und ist) nicht meine Komfortzone. Auf dem Parkett der Arche fühle ich mich wesentlich wohler und sicherer.

Dann kam mir spontan eine Idee: „Wie wäre es denn", fragte ich Karin, „wenn wir Frau Rau fragen, ob sie Interesse hat, zur Eröffnung unserer neuen Arche nach Hellersdorf zu kommen?" Christina Rau war bekannt für ihr Engagement für Kinder im Ausland wie in Deutschland. Damals kümmerten sich unzählige Organisationen um die Kinder in Entwicklungsländern, aber eben nur wenige Vereine um die Probleme der Kids und Jugendlichen hier im Land. Der Gedanke verfolgte mich noch, als ich mich in die unendlich lange Schlange vor dem üppigen Buffet einreihte.

Da erspähten wir die Präsidentengattin, vertieft in ein Gespräch mit einem älteren Paar, und wir gesellten uns einfach dazu. Aber immer wieder drängelten sich andere Besucher dazwischen, um die Frau des Bundespräsidenten zu begrüßen. Man kannte sich halt. So gerieten wir etwas ins Abseits und übten uns weiter in Geduld.

Die Ausdauer sollte sich aber lohnen, denn es kam der passende Moment. Wir stellten uns Frau Rau vor, und ich hörte zu meiner Freude, dass ihr die Arche ein Begriff war. Sie kenne unsere Arbeit aus einem Artikel in einer Berliner Zeitung, sagte sie. Wir erzählten ihr so knapp wie möglich von den Problemen unserer Kinder und dann sagte ich zu ihr: „Frau Rau, wir wollen am 31. Januar 2002 unsere neue Arche eröffnen. Können Sie sich vorstellen, uns an diesem Tag in Hellersdorf zu besuchen?"

Sie strahlte mich an, aber dann fiel ihr ein, dass es nicht ganz sicher sei, ob sie an diesem Tag überhaupt in Deutschland sein würde. „Ich glaube, da bin ich noch mit meinem Mann auf einem Staatsbesuch in Afrika", antwortete sie. Immerhin versprach sie zu schauen, was sich machen ließe, und das wirkte nicht wie eine höfliche Vertröstung, sondern wie eine ernste Absicht.

In der darauffolgenden Zeit legten wir uns so richtig ins Zeug und stemmten die restlichen Bauarbeiten in der Arche. Dann kam der erlösende Anruf aus dem Büro von Christina Rau: „Die Gattin des Bundespräsidenten kommt extra einen Tag früher aus Afrika zurück, um die Arche am Eröffnungstag zu besuchen."

Was für eine Nachricht! Nun hatten wir noch ein bisschen mehr zu tun, wir wollten das Haus ja quasi für einen Staatsbesuch vorbereiten.

Auf der Baustelle gab es in der Küche eine Verzögerung, weil einer der Handwerker einen so furchtbaren Streit mit seiner Ehefrau gehabt hatte, dass diese ihm fast buchstäblich die Augen ausgekratzt hatte und er ins Krankenhaus eingeliefert werden musste. Während wir einen Tag vor der Eröffnung also darüber grübelten, wie wir die Innensanierung dennoch fertigstellen konnten, klingelte es an der Tür. Die Polizei stand draußen und wollte sich das Gebäude anschauen. Es handelte sich um eine Prüfung, um die Sicherheit der Präsidentengattin am nächsten Tag gewährleisten zu können.

Erst in diesem Moment wurde mir bewusst, wie wichtig auch das Büro der First Lady diesen Besuch nahm. Aus der Sicht ihrer Leute besuchte Frau Rau eine vergleichsweise unbekannte Einrichtung. Wir gingen mit der Polizei zusammen alle Räume durch. Glücklicherweise war aber alles in Ordnung, es gab keine Beanstandungen.

Als die Beamten das Haus verließen, fiel mir das Problem mit unserer halb fertigen Küche wieder ein. Eine Notlösung musste her. Wir platzierten einfach an den Stellen, die noch nicht fertig waren, Kartons mit Lebensmitteln. So waren die kleinen Baustellen wenigstens nicht auf Anhieb zu sehen.

Am nächsten Tag fuhr ein kleiner Konvoi aus dunklen Limousinen auf unseren Hof. Ich öffnete unseren Haupteingang und ging der Frau unseres Bundespräsidenten entgegen – und war dabei zugegebenermaßen ein bisschen aufgeregt. Das erwies sich jedoch als absolut unbegründet, denn Christina Rau war sehr herzlich und unkompliziert. Sie interessierte sich aufrichtig für die Probleme und Sorgen unserer Kinder und Jugendlichen.

Die waren natürlich genauso nervös und aufgeregt wie wir alle. Schon seit Wochen probten unsere Jugendlichen an einem Theaterstück. Der Höhepunkt sollte eine kleine pyrotechnische Einlage sein, ein hübscher Bühneneffekt mit Feuer und Böllern. Davon erzählten uns die Regisseure nur das Nötigste, um nicht die Überraschung kaputt zu machen. Aber für unsere Kids sollte das *die* Attraktion der Aufführung werden.

Die Vorführung war großartig. Wir alle, einschließlich Frau Rau, waren von dem, was die Kids auf die Beine gestellt hatten, begeistert. Sie präsentierten ganz wunderbares Theater und waren mit Begeisterung bei der Sache.

Dann kam der Höhepunkt des Stücks: das Zimmerfeuerwerk. Es krachte und zischte auf der Bühne. Durch den Knall aufgeschreckt, griff ein Polizeibeamter, der hinter Christina Rau saß, zur Waffe und sprang auf. Einen kurzen Moment blickte er verunsichert auf das Geschehen. Doch als er die Situation erfasst hatte, entspannten sich seine Gesichtszüge wieder, er setzte sich und genoss den Lärm auf der Bühne.

Nach der Veranstaltung fragte ich den Leibwächter von Frau Rau, wie es ihm gefallen hätte. „Es war alles super", antwortete dieser, „bis auf diese Pyroeinlage." Aber er wirkte schon wieder einigermaßen erholt.

Mit dem „Staatsbesuch" war jetzt auch offiziell das Arche-Mutterhaus eröffnet. An diesem Abend dachte ich an ein Gespräch mit dem Hellersdorfer Bürgermeister zurück, das ich wenige Monate zuvor mit diesem geführt hatte. Wir hatten uns am Rande einer Sitzung miteinander unterhalten, und er hatte mich von oben herab gefragt: „Na, Herr Siggelkow, wie stellen Sie sich das denn so vor mit dem ehemaligen Schulgebäude?" Er traute uns offensichtlich keinen Erfolg mit unserer Arbeit zu und schien sich über das von ihm erwartete Scheitern sogar zu freuen. Ich war richtig sauer, denn ich wollte die Schule ja nicht für mich privat, sondern für die Kinder, um die sich eigentlich die Kommune hätte kümmern müssen. Der fehlte aber das Geld dafür.

Heute ist der Etat für die Jugendarbeit in Berlin-Hellersdorf mit ungefähr 950.000 Euro im Jahr kleiner als die jährlichen Kosten für die Arche in diesem Berliner Bezirk. Wir zahlen allein für das Essen jährlich einen Betrag von ungefähr 250.000 Euro. Insgesamt liegen die Unterhaltskosten für das „Mutterschiff" der Arche bei rund 1,2 Millionen Euro jährlich. Dieses Geld müssen wir in harter Arbeit und mithilfe unserer treuen Spender zusammenbekommen.

Doch zurück zu meinem Gespräch mit dem Bürgermeister. Was sollte ich dem Mann auf seine Frage antworten? Schließlich hörte ich mich etwas undiplomatisch sagen: „Sie geben mir den Schlüssel und dann geht's los. So habe ich es mir vorgestellt." Der Bürgermeister drehte sich um und ging zurück zu seinen Parteikollegen von der damaligen PDS.

Hatte ich ihn verärgert? Und wenn schon – ich wollte mir nicht alles gefallen lassen. Und schließlich hat es mit der Arche ja auch geklappt. Christina Rau hatte mit ihrem Besuch am Eröffnungstag einen weiteren Baustein zum Erfolg geliefert. Durch ihre Präsenz bei der Eröffnung wurden noch mehr Menschen auf uns aufmerksam.

Die Arbeit der Arche kam so langsam richtig ins Rollen. Wir hatten schon bald so viel zu tun, dass wir manchmal nicht wussten, wo uns der Kopf stand. Mit der Zeit kamen immer mehr Kinder, hatten wir doch jetzt ausreichend Platz in dem Gebäude und auf dem weitläufigen Außengelände unseres Hauses. Meine Frau putzte jeden Morgen die sanitären Anlagen und die Räume, die für die Kinder zugänglich waren. Danach musste sie in die Küche, um das Essen für etwa 120 Personen vorzubereiten. Für das immer frisch zubereitete Mittagessen wurde täglich eingekauft. Nachmittags gab es ein umfangreich gestaltetes Kinderprogramm, bei dem meine Frau, unsere ehrenamtlichen Mitarbeiter und ich eingespannt waren. Bis zum Jahr 2003 war ich der einzige Angestellte der Arche. Bis dahin waren wir auf die Hilfe und Unterstützung von ehrenamtlichen Mitarbeitern angewiesen.

Je größer unsere Arbeit wurde, desto größer wurde auch das Interesse der Medien. Immer mehr Journalisten kamen zu uns in die Einrichtung, um über uns und das Thema „Kinderarmut" zu berichten. Und wir waren – und sind – dankbar für dieses Medieninteresse. Immer noch will es nicht so richtig in die Köpfe der Menschen, dass es so viele Kinder in unserem Land gibt, die in Armut und ohne Chancen auf ein besseres Leben aufwachsen. Deshalb war und ist die Öffentlichkeitsarbeit so wichtig. Wir wollen jedem die Chance geben, über die Probleme unserer Kinder zu berichten.

Selbstverständlich passten wir von Anfang an auf, dass der Presserummel für die Kinder nicht zu viel wurde. Die Journalisten begriffen auch schnell, dass bei uns im Haus die

Kinder die Hauptakteure sind, und haben sich entsprechend darauf eingestellt. Ich wollte immer, dass die Presseleute nur als Beobachter kommen – die Kinder sind nun mal keine Schauspieler. Aber es ist wichtig, dass alle Menschen in unserem Land begreifen, in welcher Situation rund drei Millionen Kinder in Deutschland leben müssen, und darauf können wir nur aufmerksam machen, wenn wir unsere Arbeit auch in die Öffentlichkeit bringen. Wir führen allerdings kein Kind vor – ganz im Gegenteil: Viele der Kinder, die zu uns in die Arche kommen, werden gefestigter und versuchen, selbst etwas zur Verbesserung ihrer Situation beizutragen.

Einmal kam die Grünen-Politikerin Claudia Roth mit einigen Journalisten im Gefolge zu uns nach Berlin-Hellersdorf. Einer unserer kleineren Besucher zupfte sie am Ärmel und fragte sie, ob sie denn die Frau Merkel kenne. Als Frau Roth mit dem Kopf nickte, sagte der Kleine: „Du, sag ihr mal, sie ist ein A…" Claudia Roth war etwas irritiert und fragte den Jungen, wieso er denn so über die Bundeskanzlerin denke, woraufhin der Junge antwortete: „Die macht den Strom immer so teuer." Wie groß muss die Not eines Kindes sein, wenn es schon in so jungen Jahren mit solchen Problemen auf diese Weise behaftet ist!

Unsere erste feste Mitarbeiterin lernte ich bei einem Vortrag in Stuttgart kennen. Sie sprach mich nach der Veranstaltung an und erzählte mir, dass sie ihre Diplomarbeit über die Spielplatzsituation in Berlin-Hellersdorf schreiben wollte. Sie kam kurze Zeit später zu uns und besuchte die Spielplätze in der Nachbarschaft der Arche. Was sie dort beobachtete, versetzte sie in Erstaunen. Viele noch sehr kleine Kinder spielten dort ohne Begleitung ihrer Eltern. Schnell fand sie Zugang zu den Kindern, und auch die schlossen die junge Frau gleich ins Herz. Einige der Kids wollten sogar mit ihr nach Stuttgart, auch wenn sie nicht wirklich wussten, wo diese Stadt lag. Die Studentin hatte den Eindruck, dass sie einige der extrem anhänglichen Kinder sogar wirklich hätte mitnehmen können, ohne dass irgendjemand sie vermisst hätte. Das brach ihr fast das Herz.

Die Stuttgarter Studentin hatte sich in die Kinder dieser Stadt verliebt. Nachdem sie ihre Diplomarbeit mit Bravour gemeistert hatte, wollte sie deshalb zurückkommen und bei uns arbeiten. Leider hatte die Arche zu dieser Zeit sehr wenig Geld, und so fragte ich sie, ob sie in den ersten Monaten auf 400-Euro-Basis für uns arbeiten könne. Danach, so hoffte ich, würde vielleicht das Geld für eine weitere Stelle auf unserem Konto sein – woher das kommen sollte, wusste ich allerdings noch nicht.

Sie war mit dieser Regelung einverstanden und fing bei uns an. Und so beschäftigten wir unsere erste Sozialpädagogin in der Arche. Wenige Monate später erlaubte es unsere finanzielle Situation tatsächlich, die junge Frau fest anzustellen. Ich konnte endlich die lange ersehnte hauptberufliche Mitarbeiterin in unserem Team begrüßen.

Obwohl wir finanziell permanent zu kämpfen hatten, erhielten wir auch immer wieder auf wundersame Weise Unterstützung – manchmal auf so verrückte Art und Weise, dass wir es selbst kaum glauben konnten. Eines Tages rief mich die Sekretärin eines erfolgreichen Geschäftsmannes an. Ihr Chef wollte mich gerne kennenlernen, teilte sie mit. Wir vereinbarten einen Termin und einige Tage später steuerte eine dunkle Limousine unsere Arche an. Der Mann, der aus dem Wagen stieg, kam aus der Schweiz. Im Fernsehen hatte er einen Beitrag über unsere Arbeit gesehen. Er nahm Platz auf dem Stuhl vor meinem Schreibtisch und fragte mich als Erstes, ob wir in irgendein Café gehen könnten, denn hier in der Arche sei das Rauchen ja sicher verboten. Nun ist Hellersdorf nicht gerade mit Cafés übersät, aber wir machten uns trotzdem auf die Suche und fuhren nach „Helle Mitte", in die City von Berlin-Hellersdorf. Das heißt, vielmehr wurden wir gefahren – von einem Chauffeur. Neben diesem saß ein Leibwächter, während der Schweizer und ich uns die Rückbank teilten.

Am Ziel angekommen, sprang der Bodyguard aus dem Wagen und öffnete uns die Türen. Eine Szene wie aus einem Hollywoodfilm. Ich dachte in diesem Moment nur: *Bernd Siggelkow, mitten in Hellersdorf aus einer dunklen Luxuslimousine steigend, mit einem Leibwächter an seiner Seite ... Die Leute werden denken: Jetzt ist der Typ endgültig durchgeknallt.*

Aber niemand nahm Notiz von uns. Wir fanden ein Plätzchen in einem kleinen Café, in dem wir es uns gemütlich machten. Mein Gast zündete sich eine Zigarre an und erzählte mir, wie wichtig er die Arbeit der Arche fände. Und dann kam die große Überraschung: Er hatte vor, uns ein Jahr lang jeden Monat 5.000 Euro zu überweisen. „Und damit Sie sehen, dass ich kein Spinner bin", sagte er, „gebe ich Ihnen jetzt sofort schon mal die ersten 5.000." Er breitete zehn 500-Euro-Scheine einzeln vor meinen Augen auf dem Tisch aus.

Unsere Tischnachbarn schielten neugierig zu uns herüber. Was sie wohl dachten?

Dann ging alles verblüffend schnell. „Herr Siggelkow", sagte der Spender, „mein Flugzeug wartet auf dem Flughafen in Tempelhof, ich muss sofort wieder zurück und kann Sie leider nicht mehr zurückbringen". Damit stand er auf und verschwand.

Ich steckte das Geld in meine Brieftasche und ging zu Fuß zurück in die Arche.

Dieser Mann war einer unserer ersten Großspender. Dreizehn Monate lang überwies er uns wie versprochen regelmäßig und pünktlich die 5.000 Euro und wir konnten ganz in Ruhe die Arbeit der Arche weiter ausbauen. Immerhin besuchten uns mittlerweile rund 150 Kinder täglich.

Mit der Zeit haben immer mehr Unterstützer und Sponsoren die Arbeit der Arche entdeckt. Heute höre ich hin und wieder, die Arche habe ja inzwischen genug Geld und man brauche ihr nicht mehr zu helfen. Das ist natürlich Quatsch. Jeder Cent, den wir einnehmen, fließt unmittelbar in die Arbeit mit unseren kleinen Besuchern. Die Not ist riesig – und sie wird momentan noch jedes Jahr größer.

Der frühere Bundeskanzler Helmut Kohl hat einmal in einem anderen Zusammenhang von der „Gnade der späten Geburt" gesprochen. Er meinte damit die Menschen, die mit den Verstrickungen der nationalsozialistischen Diktatur nichts zu tun hatten. Heute rede ich oft von der Gnade einer glücklichen Geburt – der Geburt hinein in eine gut funktionierende Familie. Keiner hat einen Einfluss darauf, in welche Familie er hineingeboren wird. Und so sind Kinder, die in Problemfamilien aufwachsen, unschuldig an ihrer Situation. Trotzdem werden sie von ihrer Umwelt oft „bestraft". Kinder sind mir eine Herzensangelegenheit, ich kann diese unschuldigen Geschöpfe nicht leiden sehen. Die Hoffnung, ihnen helfen zu können, motiviert mich jeden Tag, jede Woche, jeden Monat und jedes Jahr. Und ich freue mich über jede Hilfe, die von außen kommt.

2003 bekamen wir eine Einladung zur Sendung „Ein Herz für Kinder", die einmal im Jahr, im Dezember, in der ARD zu sehen ist. Zwanzig unserer Kids sollten als Tänzer zusammen mit der Popband „Sugarbabes" auftreten. Detlef D. Soost, ein netter, aber auch gefürchteter Tanzlehrer und Kritiker, castete 120 Arche-Kinder für die Sendung und wählte die besten Tänzerinnen und Tänzer aus. Meine Tochter Deborah war auch dabei; ich war richtig stolz auf sie und auf meine Arche-Kinder. Karin und ich saßen im Publikum und wir freuten uns gemeinsam mit unseren „Stars". Nicht nur der Verlauf der Sendung mit Moderator Thomas Gottschalk war sehr spannend. Wir sahen zahlreiche prominente Leute unter den Hunderten von Gästen.

Die Medien feierten den Auftritt unserer Truppe, und das brachte unserem Anliegen neue Aufmerksamkeit. Plötzlich sprachen uns eine Frau und ein Mann an, die wir noch nie gesehen hatten. Die Dame war Barbara Groth vom Rotary Club in Berlin, der Herr war August von Joest vom Johanniterorden, einem jahrhundertealten geistlichen Ritterorden. Der Orden hatte es sich zur Aufgabe gemacht, Menschen in Not zu helfen. „Herr Siggelkow, wir würden Sie gerne unterstützen", sagten die beiden. In einem folgenden Gespräch fragten sie mich: „Könnten Sie sich vorstellen, dass wir gemeinsam die Hellersdorfer Arche an einen weiteren Ort projizieren?"

Und ob ich das konnte! Kinder in Not gab es schließlich nicht nur in Hellersdorf. Und ich musste Freunde und Partner gewinnen, die mit mir zusammenarbeiten wollten. Alleine war die Arbeit auf Dauer nicht zu schaffen.

Ein Zufall kam uns zu Hilfe. Der internationale Rotary Club wurde 2005 einhundert Jahre alt und Frau Groth sammelte mithilfe dieser international hervorragend strukturierten Institution mehr als 100.000 Euro. In jedem Berliner Rotary Club wurde Geld zusammengelegt, sodass am Ende diese große Summe zusammenkam. Weiter engagierten sich finanziell von Anfang an die Weberbank und natürlich der Johanniterorden für eine weitere Arche. August von Joest knüpfte für uns viele Kontakte und bereits 2005 konnten wir unsere erste kleine „Filiale" eröffnen. Diese Arche befindet sich in einem Wohnhaus mit vielen verschachtelten kleinen Räumen in dem Berliner Bezirk Friedrichshain-Kreuzberg.

Vom ersten Tag an strömten die Kinder der Nachbarschaft in die Räume unserer Einrichtung. Allerdings war das Haus mit mehr als 50 kleinen Besuchern täglich sehr schnell überfüllt. Heute sind wir an dem Punkt, dass wir gemeinsam mit der RTL-Stiftung „Wir helfen Kindern" ein neues Haus bauen werden. Die Grundstückspreise sind im Szenestadtteil Friedrichshain ganz schön happig, deshalb freuen wir uns besonders über die Hilfe aus Köln. Für uns allein wäre das nicht zu stemmen.

Die gute Seele in unserem zweiten Haus wurde eine Mitarbeiterin, die alle Lenchen nennen. Sie war vom ersten Tag an mit im Boot. Ich lernte sie auf einer Kinderfreizeit kennen. Eine Kirchengemeinde bat mich damals, einige ihrer Kinder ins Camp mitzunehmen. Eine Mitarbeiterin dieser Gemeinde würde dann zur Unterstützung bei der Betreuung der Kinder mitkommen. Diese junge Dame hatte einen wunderbaren Umgang mit den Kleinen. Sie zog mit ihrem freundlichen Wesen die Kinder wie ein Magnet an. Durch ihre positive und herzliche Ausstrahlung prägt sie heute die erfolgreiche Arbeit der Friedrichshainer Arche.

Es bleibt aber Fakt, dass wir ohne die große Unterstützung der Sponsoren diese zweite Arche niemals hätten stemmen können. Für unsere Arbeit sind die Sponsoren überlebenswichtig. An euch alle herzlichen Dank – im Namen von Deutschlands vergessenen Kindern!

Stapellauf in Hamburg

Dieser Fall erschütterte im Frühjahr 2005 die Republik: Am 1. März starb am Brieger Weg in Hamburg-Jenfeld die damals siebenjährige Jessica in der Wohnung ihrer Eltern. Diese hielten das Mädchen dort regelrecht wie ein Tier, abgeschirmt von der Öffentlichkeit, in einem Zimmer, das einem Verschlag glich. Tageslicht gab es darin nicht, da die Eltern die Scheiben mit Folie beklebt hatten, der Lichtschalter war abmontiert, stattdessen ragten nur noch die losen Kabel aus der Wand. Zum Schluss aß das Mädchen seine eigenen Haare, weil es nicht genug zu essen bekam. Jessica war bis auf wenige Kilo abgemagert und starb nach langer Qual an Unterernährung und Verletzungen.

Die Öffentlichkeit war fassungslos. Wie konnte so etwas passieren? Was muss geschehen, dass Eltern in der Lage sind, ihrem Kind so etwas anzutun?

Der evangelische Pastor Thies Hagge von der Hamburger Friedenskirche hielt den Trauergottesdienst für Jessica und besuchte auch die Eltern des Opfers im Gefängnis. Sowohl Vater als auch Mutter waren sofort nach dem Tod des Kindes festgenommen worden. Thies Hagge war schon viele Jahre in der Jugendarbeit aktiv. Ihn schockierte der Tod der kleinen Jessica daher ganz besonders, starb sie doch in seiner unmittelbaren Nähe und im Einzugsbereich seiner Pfarrei. Was nicht nur ihn besonders erschrak: Keiner der Nachbarn hatte etwas bemerkt. Diese Tatsache legte die Vermutung nahe, dass es weitere ähnlich traurige Schicksale gibt, von denen einfach nur niemand weiß. Der Pastor beschloss daher, die Kinder- und Jugendarbeit in seiner Gemeinde zu intensivieren.

Rund zwei Monate später las er einen Aufmacher in der Illustrierten „Stern". Das Hamburger Magazin berichtete über die Arbeit unserer Einrichtung. Viele Wochen lang waren eine Redakteurin und eine Fotografin immer wieder in der Hellersdorfer Arche gewesen, um die Schicksale vieler Kinder kennenzulernen und darüber zu berichten. Das Ergebnis ihrer Recherchen schlug hohe Wellen. Bundesweit wurden viele Menschen auf uns aufmerksam. So eben auch der Hamburger Pastor.

Thies Hagge meldete sich bei uns. Ich kann mich an dieses Telefonat noch sehr gut erinnern. „Ich will etwas tun, wir brauchen eine Arche in Hamburg", erklärte er mir.

Nun rufen viele Menschen bei uns an, die mit uns gemeinsam eine Arche eröffnen wollen. Doch mischt sich bei vielen von ihnen der Wunsch, den Kindern helfen zu wollen, mit anderen Motiven. Oft fragt man uns nach Geld und wie man an staatliche Zuschüsse kommen kann. Viele dieser Anfragen müssen wir abwimmeln, weil sie uns von unserer eigentlichen Arbeit abhalten.

Thies Hagge blieb jedoch hartnäckig. Er rief immer wieder an und bat um ein Gespräch mit mir. Schließlich sagte ich ihm: „Na gut, dann kommen Sie vorbei und schauen sich unsere Arche in Berlin-Hellersdorf einmal an."

Dieser Einladung leistete er auch umgehend Folge, und so stand er kurz darauf bei mir in der Tür. Ich zeigte ihm unser Haus und erzählte von unserer Arbeit.

Der Pastor zeigte sich entmutigt. Nicht etwa von der Art unserer Arbeit, sondern einfach deshalb, weil unsere Arche für ihn eigentlich schon zu weit gediehen war. Sie wirkte auf ihn, der mit so einer Arbeit erst beginnen wollte, eigentlich schon zu perfekt (obwohl sie das wirklich nicht ist). „Das schaffen wir alleine nie, Herr Siggelkow", seufzte er. „Das ist eigentlich genau das, was wir in Hamburg auch brauchen, aber so etwas kann ich nicht auf die Beine stellen!" Seine Zerrissenheit war mit Händen zu greifen.

Wir unterhielten uns noch eine ganze Weile, und ich begann, seine Situation und seine Sorgen zu verstehen. Er erzählte, dass es in seinem Stadtteil viele gute Jugendeinrichtungen und Jugendinitiativen gäbe, berichtete aber auch von den Defiziten und Problemen, die es nun mal überall gibt. „Was wir brauchen, ist eine Einrichtung ‚ohne Schwellen' – eigentlich genau so etwas wie die Arche." Er sagte, was es bisher nicht gebe, sei eine Kinder- und Jugendarbeit auf der Basis von Freundschaft und Beziehung, von Liebe und Unterstützung.

Ich verstand ihn. So ein Projekt war zwar wirklich nicht ganz einfach zu realisieren, aber was für mich mehr zählte als der Berg an Problemen war die aufrichtige Liebe für die vernachlässigten Kinder und der Wunsch, ihnen zu helfen, die ich in den Augen des Mannes sah.

Einige Wochen später machte ich mich mit dem Auto auf den Weg nach Hamburg. Nach knapp zwei Stunden Fahrt sah ich das blaue Schild mit dem Hinweis auf die Abfahrt Jenfeld. Langsam bog ich in die Siedlung ein und das Gefühl einer gewissen Trostlosigkeit machte sich in mir breit. Ich ahnte, was sich hinter den Fenstern vieler Mietskasernen abspielte, und bekam eine Vorstellung davon, was Thies Hagge gemeint hatte. Ich sah in Gedanken die vielen Kinder, die mit den Problemen ihrer Eltern fertig werden mussten und damit völlig überfordert waren. Kinder wie unsere Arche-Kinder in Berlin. Oft müssen neun- oder zehnjährige Jungs ihren alleinerziehenden Müttern unter die Arme greifen und die Rolle des Mannes in der Familie übernehmen. Sie dürfen schon früh kein Kind mehr sein. Ihre Situation wollte ich verändern – und Thies Hagge wollte es auch.

An diesem Ort schlug sicher auch meine eigene Lebensgeschichte durch. Mir bot sich die einmalige Chance, „meiner" Stadt etwas zurückzugeben. Hamburg war immer mein Zuhause und dort fühle ich mich bis heute heimisch. Hier habe ich meine Schule und Ausbildung gemacht. Der Fußballklub FC. St. Pauli ist nach wie vor mein Lieblingsverein, auch wenn ich heute eine enge Verbindung zu dem Verein Hertha BSC Berlin habe, der ein wertvoller Kooperationspartner der Arche ist.

Ich stellte meinen Wagen vor der Friedenskirche ab, die sich in ihrer schmucken weißen Farbe gut in die Nachbarschaft einfügt. Pastor Hagge kam mir entgegen und begrüßte mich herzlich. Gemeinsam gingen wir in sein kleines Büro, wo wir miteinander redeten. Er hatte seine Hausaufgaben gemacht und mit vielen Mitgliedern seines Kirchenvorstandes gesprochen. Wie er mir erklärte, bekamen wir die Chance, übergangsweise das Jugendzentrum seiner Gemeinde zu nutzen. Das war schon einmal großartig. Doch auch das kostete Geld. Wir brauchten mindestens zwei Pädagogen und Geld für die Einrichtung.

Dann kam plötzlich ein Anruf von meiner Mitarbeiterin Ulla Niehoff. Sie war in Berlin geblieben und hatte einen Anruf von der Firma Unilever erhalten. Die Firma mit Sitz in Hamburg plante, in unsere Arbeit zu investieren, und wünschte ein Gespräch mit mir. Ulla sagte mir, ich sollte dort so schnell wie möglich anrufen. Die Unilever-Leute wüssten, dass ich in Hamburg sei, und sie hätten heute Zeit, mit mir zu reden.

Kurze Zeit später saß ich zu meiner eigenen Überraschung in der Zentrale des Konzerns. Ich lernte den Deutschlandchef von Unilever, Henning Rehder, kennen, der sich gemeinsam mit seiner Gattin für uns starkmachen wollte. Frau Rehder engagiert sich bis heute mit großem Einsatz im Freundeskreis der Arche in der Hansestadt. Wir wurden uns schnell einig. Die Rehders und weitere Mitarbeiter des Unternehmens besuchten die Arche in Hellersdorf und waren begeistert. Schon kurze Zeit später stand die finanzielle und ideelle Zusammenarbeit für die Arche in Hamburg fest. Die Firma Unilever unterstützt uns übrigens nicht nur in finanzieller Hinsicht. Auch die Mitarbeiter werden in die Zusammenarbeit einbezogen. Immer wieder sind sie, zum Beispiel zu Weihnachten oder beim Sommerfest, aktiv dabei.

Auch die Leser des „Stern" zeigten sich nach einem Bericht über unsere Arbeit sehr spendabel. Thies Hagge hatte sich bei seinen Kirchenvorstandsmitgliedern für ein eigenes „Arche"-Haus starkgemacht. Natürlich gab es auch hier anfangs einige Widerstände, doch Thies konnte seine Begeisterung auf die Skeptiker überspringen lassen und sie überzeugen. Nun steuerten die „Stern"-Leser einen erheblichen finanziellen Teil für einen Arche-Neubau auf dem Gelände der Friedenskirche bei.

Bereits im Dezember 2007 bezogen wir das neue Gebäude. Am ersten Tag waren sage und schreibe 198 Kinder da. Heute haben wir täglich rund 60 junge Besucher in unserem Haus in Hamburg. Die Bürger der Stadt stehen voll hinter unserer Arbeit. Vonseiten der Politik gab es anfangs jedoch Kritik. Wir würden den Stadtteil stigmatisieren, hieß es vor allem aus der Ecke der Grünen und einiger weiterer Lokalpolitiker. Doch das kannten wir schon aus Berlin-Hellersdorf.

Wir fragen uns immer wieder, warum so viele Politiker die Probleme der Menschen, für die sie doch eigentlich Verantwortung tragen, kleinreden. Es gibt jedoch glücklicherweise auch andere Beispiele. Der Berlin-Neuköllner Bürgermeister Heinz Buschkowsky, der in den vergangenen Jahren für manche Schlagzeile gesorgt hat, liebt seinen Kiez – das spürt man. Und gerade deshalb spricht er immer wieder auch die Probleme in seinem Stadtteil an.

Doch zurück zur Hamburger Arche. Dort betreuen wir heute viele Kinder, deren Eltern aus den verschiedensten Ländern kommen. Wenn Mütter mit unterschiedlichsten religiösen Hintergründen – oft auch mit einem Kopftuch bekleidet – vor der Kirche stehen, um dort mit ihren Kindern zu spielen oder zu feiern, dann schlägt mein Herz höher.

Thies Hagge ist übrigens nach wie vor mit im Boot. Ohne ihn und sein fantastisches Engagement würde es die Arche in Hamburg nicht geben. Wir haben mittlerweile eine freundschaftliche Beziehung, für die ich sehr dankbar bin.

Vielleicht ist das der richtige Moment, um einmal das Konzept der Arche zu erklären, wie wir es entwickelt haben, denn danach werden wir immer wieder gefragt.

Im Sozialgesetzbuch (SGB) steht, dass jeder junge Mensch ein Recht auf Förderung und auf Erziehung zu einer eigenverantwortlichen und gemeinschaftsfähigen Persönlichkeit hat. Und es geht noch weiter: Junge Menschen sollen in ihrer individuellen Entwicklung gefördert werden. Soziale Benachteiligung kann so vermieden oder abgebaut werden. Eltern und andere Erziehungsberechtigte sollen beraten und unterstützt werden, um Kinder und Jugendliche vor Gefahren und für ihr Wohl zu schützen.

Schöne Worte, von Juristen entworfen, von einem Parlament verabschiedet. Immer wieder muss ich schlucken, wenn ich diese Sätze lese. Zu den Schwerpunkten der Jugendarbeit gehören laut dem Sozialgesetzbuch weiter außerschulische Jugendbildung und vor allem auch die Jugendarbeit auf dem sportlichen und spielerischen Sektor. Und im wunderbaren

Amtsdeutsch spricht man von einem Schutzauftrag bei Kindeswohlgefährdung, den man wahrnehmen muss, um einer eventuellen Gefährdung entgegenzutreten.

So viel zu den rechtlichen Grundlagen, die wir als Arche natürlich erfüllen, ja, denen wir uns inhaltlich auch sehr verpflichtet fühlen.

Aber wir sollen und dürfen die Kommunen nicht aus ihrer Verantwortung entlassen. Wie viele Kinder kommen zu uns, die in ihren Familien alleingelassen werden! Und diese Kinder brauchen einen dauerhaften Rückhalt. Wir versuchen, ihnen diesen Rückhalt zu geben. Die Arche hat es sich auf der Grundlage christlicher Werte zu ihrer Aufgabe gemacht, sinnvolle Freizeitmöglichkeiten für Kinder und Jugendliche zu schaffen und jungen Menschen zu helfen, ihr Leben zielorientiert sowie gewalt- und suchtfrei zu gestalten. Kinder und Jugendliche sollen einen sicheren Ort haben, an dem sie Raum zur Entfaltung, zur Begegnung mit anderen und zur Entwicklung finden. Die Kinder sollen die Möglichkeit bekommen, zu starken Persönlichkeiten heranzuwachsen.

Natürlich haben wir in der Arche auch Ziele, die wir mit den Kindern erreichen wollen. Zuallererst wollen wir die Grundbedürfnisse unserer Besucher stillen. Dazu gehört ein gesundes Essen – denn mit einem leeren Magen kann man weder lernen noch spielen. Und ich kann nur immer wieder auf die 40 Prozent der Kinder der Sozialleistungsempfänger hinweisen, die ohne ein Frühstück in die Schule gehen müssen. Diese Kinder haben fast immer auch kein Geld für ein Mittagessen. Ob das Geld eigentlich da wäre, spielt keine Rolle, denn offensichtlich kommt es nicht da an, wo es dringend gebraucht wird: bei den Kindern.

Die Arche ist eine christliche Einrichtung, und so ist uns selbstverständlich auch die Vermittlung christlicher Werte wichtig. Allerdings sind die christlichen Angebote auf absolut freiwilliger Basis. Kein Kind oder Jugendlicher wird gezwungen, etwas mitzumachen, was er nicht mitmachen möchte. Das ist mir ganz wichtig.

Außerdem ist es uns wichtig, die jungen Menschen in die Arbeitswelt hineinzuführen. Wir helfen den Jugendlichen deshalb bei ihrer Suche nach einem Job. Jeder junge Mensch, der zu uns in die Arche kommt und um Hilfe bittet, findet in der Regel mit unserer Unterstützung auch einen Ausbildungs- oder weiterführenden Schulplatz. So konnten wir in der Vergangenheit einer Menge Jugendlicher mit der Unterstützung vieler Firmen und Träger neue Perspektiven eröffnen.

Darüber hinaus haben für uns ein Netzwerk aus Jugendhilfeträgern, Bildungsstätten, sozialen Einrichtungen, Unternehmen und auch die Einbindung der Eltern eine große Bedeutung. Deshalb findet bei uns auch zweimal im Monat ein sogenanntes Elternfrühstück statt, bei dem wir mit den Müttern (und manchmal auch mit den Vätern) über deren Probleme im Alltag sprechen und gemeinsam nach Lösungen suchen. Natürlich gehen unsere Familienberater auch in die Familien, um vor Ort Hilfe und Unterstützung zu leisten. Und das nicht nur in der Nachbarschaft der Archen. Aber die Eltern sind eben auch in unseren Einrichtungen willkommen.

Sie können zum Beispiel mittags gemeinsam mit ihren Kindern bei uns essen. Neben der Gemeinschaft lernen Kinder und Eltern beim gemeinsamen Essen in der Arche Tischkultur sowie gesundes Essen kennen. Viele unserer Eltern sind sich nicht bewusst, wie wichtig gemeinsame Mahlzeiten mit ihren Kindern sind, außerdem können sie häufig überhaupt nicht kochen oder es fehlt ihnen an fachlichem Wissen. Deshalb bieten wir zum Beispiel auch Kochkurse für Erwachsene an.

Vor einiger Zeit nahm eine Arche-Mutter an einem solchen Kochkurs teil. Sie war mit Begeisterung bei der Sache. Als ich in die Küche kam, lief sie mir entgegen und rief: „Bernd, wusstest du, dass Pommes aus Kartoffeln sind?" Für sie war das etwas ganz Neues und sie wollte ihr Wissen sofort mit mir teilen. Bei einem anderen Kochkurs machten ungefähr zehn Kinder mit. Ihr Kochlehrer war ein Sternekoch aus einem Berliner Luxushotel. Nach der ersten Stunde war der Mann völlig konsterniert. Die Kinder kannten kaum eine Gemüsesorte mit Namen. Ein 14-jähriges Mädchen verwechselte zum Beispiel Tomaten mit Radieschen, ein anderes eine Zucchini mit einer Gurke. Einige der Kinder konnten nicht einmal die Hälfte der Zutaten beim Namen nennen. Die Kids waren allerdings mit großer Begeisterung bei der Sache und auch dem Koch machte der Unterricht sichtlich Spaß. Nach einem dieser Kurse sprach er mich an und sagte mir, dass seine Mutter zum ersten Mal zu ihm gesagt hätte, sie sei stolz auf ihn, als er ihr von seinem Einsatz in der Arche erzählt hatte. Dazu muss man wissen, dass der Mann für Hollywoodstars und auf Staatsempfängen kocht.

Wir werden immer wieder gefragt (oft auch von Politikern), warum wir für das Essen nicht zumindest einen kleinen Obolus berechnen. Die Antwort ist ganz einfach: Zum einen würden wir für das Kassieren zusätzliches Personal benötigen. Noch wichtiger ist aber: Der größte Teil der Eltern würde den Kindern auch keine fünfzig Cent für ein Essen mitgeben. Das ist traurig, aber wahr.

Die Archen bieten ihr offenes Freizeitangebot von Montag bis Freitag zwischen 12:00 Uhr und 18:00 Uhr an. In den verschiedenen Städten können sich diese Zeiten aber schon mal um eine halbe Stunde verschieben. Das hängt auch mit dem Schulschluss zusammen. Bei uns können Kinder und

Jugendliche in verschiedenen Räumen und auf dem Außengelände unter Anleitung und Betreuung von Pädagogen spielen, toben, lesen, basteln, klettern oder Sportangebote wie Tischtennis, Fußball, Basketball oder Inlineskaten wahrnehmen. Die Kinder sollen eine sinnvolle Freizeitbeschäftigung kennenlernen. Wir wollen, dass sie mit ihren eigenen Grenzen konfrontiert werden. Ganz wichtig ist, dass die Kinder unter Freunden sind, dass sie die Gemeinschaft und ihr eigenes Potenzial entdecken. Dabei werden Bewegung, Gesundheit und Denkvermögen gefördert. Ein wichtiger Part der Arbeit sind Hausaufgabenbetreuung und Nachhilfe. Die Hausaufgaben können, je nach Fähigkeiten der Kids, alleine oder mithilfe eines Lehrers erledigt werden.

Darüber hinaus gibt es diverse Veranstaltungen in den Archen. Einmal in der Woche findet in allen unseren Einrichtungen eine Kinderparty statt. Da gibt es Musik, Kinderlieder, Spiele, Verlosungen und manchmal auch einen Snack. Die Kinder haben die Möglichkeit, zuvor Eingeübtes aufzuführen und damit das Programm mitzugestalten. Jeder Geburtstag in der Arche wird gefeiert. Dazu darf das Geburtstagskind Freunde einladen und erhält auch ein Geschenk. Dann findet jährlich eine Weihnachtsfeier statt. Dabei werden die Kinder in das Programm mit einbezogen und beschenkt. Bei diesen Festen wird das Selbstbewusstsein der Kinder und Jugendlichen gestärkt, sie erleben sich selbst in einer starken Gemeinschaft.

Das ganze Jahr über veranstalten wir außerdem Kinder- und Jugendcamps, zum Teil sogar Ferienausflüge in das benachbarte Ausland. Viele unserer Kinder und Jugendlichen haben nicht einmal das Geld, um über den eigenen Stadtteil hinauszukommen. Für Mobilität sind im Hartz-IV-Regelsatz für Kinder rund zehn Euro monatlich vorgesehen. Weit reicht das allerdings nicht. Stellen wir doch einmal eine

Rechnung auf: Wir bringen unsere Kinder in die Schule, zum Sport- oder zum Musikunterricht, und für die Fahrten würde man uns ein Budget von 10 Euro geben. Die allermeisten von uns müssten ihre Fahrten bereits nach einer Woche einstellen.

Um den Kindern dennoch die Teilnahme an einem Camp zu ermöglichen, suchen wir für sie nach Paten, die die Kosten übernehmen. Das ist oft die einzige Möglichkeit für die Kids, das eigene, eng begrenzte Umfeld für eine kurze Zeit zu verlassen. Vor allem Auslandstouren sind wichtig. So lernen die Kinder auch andere Kulturen kennen. Das wiederum hilft, Vorurteile gegenüber Fremden abzubauen.

Ganz wichtig in den Archen sind die Gruppenangebote: Basteln, Handwerken, Theater, Tanz, Chor, Musik, Fotografie, Graffiti oder Sport. Wir halten auch Kinderkonferenzen ab. Hier wird über Angebote, Regeln und Ideen diskutiert und abgestimmt. Die Kinder und Jugendlichen erleben so praktizierte Politik.

Wir führen regelmäßig eine Reflektion und Überprüfung unserer Teil- und Gesamtziele durch. Es gibt wöchentliche Teamsitzungen, regelmäßige Fallbesprechungen und einen pädagogischen Austausch. Und bei einem jährlichen Mitarbeitertag treffen sich deutschlandweit alle Mitarbeiter der Archen zum gemeinsamen Kennenlernen.

Was mich immer wieder ärgert, sind die Vorwürfe, die Arche arbeite ohne ein pädagogisches Konzept. Wer das behauptet, kennt uns schlicht nicht und betreibt letztlich üble Nachrede. In erster Linie verstehen wir uns als erwachsene und verlässliche Freunde der Kinder. Die Arche ist eine Ergänzung der Familie. Wir versuchen, mit unserer Arbeit dort anzufangen, wo andere Einrichtungen aufhören. Für uns ist es wichtig, dort hinzugehen, wo es an niedrigschwelligen Angeboten fehlt. Die Kinder, die an einem unserer neuen

Standorte zu uns kommen, waren in der Regel vorher nicht Gäste einer anderen Einrichtung.

Wir wollen gerne gut vernetzt mit anderen Einrichtungen zusammenarbeiten, aber letztlich hat unser Einsatz – was immer wir auch tun – den Kindern zu dienen. Sie brauchen uns so dringend.

Arche-Bücher
rütteln das Land auf

In Deutschland leben Millionen von Kindern in Armut und keiner bekommt es mit. Wie sensibilisiert man die Menschen in Deutschland für ein so wichtiges Thema? Diese Ahnungslosigkeit hat mir schon immer große Sorge gemacht. Viele Menschen in Deutschland sind ja bereit zu helfen, aber Projekte vor der eigenen Haustür – selbst die guten – hatten es schon immer schwer. Eine gängige Überzeugung in unserem Land lautet: „Den ärmsten Kindern in Deutschland geht es noch immer besser als armen Kindern in Afrika oder Südamerika." Ich habe diesen Satz oft gehört und muss dem auch zustimmen. Glücklicherweise erleben wir aber auch, dass Menschen ihre Augen nicht für die Not vor der eigenen Haustür verschließen und Kinder im eigenen Land fördern. Das Thema Kinderarmut in Deutschland ist fast täglich in der Presse präsent, und das ist auch dringend notwendig.

Eines Tages saß ich mit meinem Pressesprecher Wolfgang Büscher an einem Tisch und diskutierte mit ihm über die öffentliche Wahrnehmung unserer Arbeit. In meinem Kopf schlummerte schon seit Längerem eine Idee. Ich wollte ein Buch schreiben – über Deutschlands vergessene Kinder, aber auch über andere Themen, die die Kinder und Jugendlichen in Deutschland bewegen. Das erste Buch sollte von den Kindern und Familien der Berliner Archen erzählen. Ich bat meinen Mitarbeiter, mit Verlagen zu sprechen und das Interesse dort auszuloten, was er auch tat.

Schon einige Tage später meldete sich jedoch unabhängig davon der Verlag Gerth Medien bei uns. Er zeigte großes Interesse an der Arbeit der Arche. Wir wussten, dass der Verlag eine hervorragende Position in der christlichen Szene hat. Allerdings wollten wir nicht nur Christen erreichen, sondern alle gesellschaftlichen Gruppierungen und möglichst viele Leser mit ganz unterschiedlichen Hintergründen. Nun gehört der Verlag Gerth Medien zur Verlagsgruppe Random House und ist damit in einem der größten Verbünde des Landes. Das stimmte uns zuversichtlich, mit einer Publikation tief in die Gesellschaft hineinwirken zu können. Hier waren wir richtig.

Wir trafen uns bereits einige Wochen später in der Arche in Friedrichshain und machten Nägel mit Köpfen. „Deutschlands vergessene Kinder" sollte das Buch heißen. Wir wollten mit dem Buch aufrütteln. Was der Durchschnittsdeutsche nicht weiß (oder verdrängt): In unserem Land gibt es Millionen von Menschen, die täglich um ihre Existenz kämpfen müssen. Ich kenne viele Kinder, die nie eine Chance haben werden, unbeschwert von Sorgen und Existenzängsten aufzuwachsen. In den folgenden Wochen führten wir in der Arche viele Gespräche mit diesen Kindern und deren Müttern. Natürlich kannte ich auch schon unzählige Familien und ihre manchmal traurigen Geschichten. Ihre Geschichten sollten in dem Buch erzählt werden. Nur wir alle zusammen können helfen. Wir müssen den Menschen in unserem Land, die alleine nicht klarkommen, unter die Arme greifen. Das war der Grund, weshalb wir das Buch schreiben wollten. Wir wollten sensibilisieren, wachrütteln.

Und es hat funktioniert. „Deutschlands vergessene Kinder" wurde ein Bestseller, und Hunderte von Medien, nicht nur in Deutschland, berichteten über die zumeist traurigen Schicksale aus unserem Buch. Das hat bis heute nicht aufgehört.

Das zweite Buch, „Deutschlands sexuelle Tragödie", sorgte im ganzen Land für Unruhe. Die Journalisten überrannten uns geradezu, um über die Kinder und Jugendlichen aus dem Buch zu berichten. Wie war es überhaupt zu diesem Buch gekommen? Einige Monate zuvor hatte der „Stern"-Journalist Walter Wüllenweber mit seinem Artikel „Voll Porno" für einen Aufruhr im Land gesorgt. Darin berichtete er von Kindern und Jugendlichen, die hypersexualisiert aufwachsen, die regelmäßig Pornos konsumieren, die, kaum dass sie geschlechtsreif sind, ihr „erstes Mal" haben und dann im Wochentakt die Sexpartner wechseln.

Daraufhin liefen in der Arche die Telefone heiß. Jeder wollte von uns wissen, ob der „Stern" recht habe. Lehrer, Professoren, Studenten, Journalisten, aber auch Schüler riefen an und stellten unzählige Fragen. Das Ganze ging so weit, dass wir teilweise unsere Handys abstellen mussten, weil wir den Arbeitsalltag in der Arche sonst nicht mehr hätten bewältigen können. Wir hatten schon eine Ahnung, dass die Berichte in der Illustrierten die Realität trafen, wollten aber nicht alleine unserem Gefühl vertrauen. Deshalb beschlossen wir, selbst Jugendliche und ältere Kinder nach ihren sexuellen Erfahrungen zu befragen. Insgesamt interviewten wir 83 jugendliche Arche-Besucher. Zudem sprachen wir mit Eltern, Freunden der Kinder, mit Lehrern und anderen Pädagogen.

Das Ergebnis war deutlich: Fast alle Kinder hatten schon mit zehn oder elf Jahren ihre ersten eigenen sexuellen Erfahrungen gesammelt. Nicht selten wurden sie schon im Alter von fünf oder sechs Jahren zu Hause mit Pornos konfrontiert, die ihre Mütter sich, manchmal zusammen mit ihren aktuellen Lebenspartnern, ansahen. Viele Kinder bekamen mit, wie ihre Mütter mit ihren aktuellen Partnern Sex hatten, da die Wohnungen oft zu klein waren, um das Intimleben vor den Kindern zu verbergen. Einige Mütter hatten Sex mit den Freunden ihrer Kinder, die selbst teilweise noch minderjährig waren. Väter, Stiefväter oder die aktuellen Freunde der Mütter befriedigten sich im Beisein der Kinder selbst. Und niemand schien ein schlechtes Gewissen dabei zu haben. „Das ist doch alles nur Sex" – diesen Satz hörten wir recht häufig. Nach diesen Gesprächen und langen und intensiven Diskussionen in der Arche beschlossen wir, die Ergebnisse zusammenzufassen und als Buch herauszubringen: „Deutschlands sexuelle Tragödie".

Das Ganze schlug ein wie eine Bombe. Eigentlich wollten wir mit dem Buch die vielen Hundert Anfragen beantworten, die uns auch Monate nach dem Erscheinen des „Stern"-Artikels immer noch erreicht hatten. Doch jetzt ging es erst richtig los. In den ersten Wochen nach dem Erscheinen von „Deutschlands sexuelle Tragödie" besuchten uns unzählige Fernsehteams und viele weitere Journalisten aus ganz Europa. Eine heftige Diskussion entbrannte in allen gesellschaftlichen Schichten unseres Landes. Das Buch war sofort auf den Bestsellerlisten zu finden.

Was mich ärgert, ist, dass viele angebliche Fachleute die Aussagen in diesem Buch leugnen. Das gebe es alles nicht, hörten wir des Öfteren von Psychologen, Sexualwissenschaftlern und manchmal auch von Pädagogen. Natürlich: Es kann nicht sein, was nicht sein darf. An der Realität gehen diese Leute jedoch völlig vorbei, und das auf Kosten der Psyche der betroffenen Kinder. Viele der hypersexualisierten Kids wünschen sich für später eine freundschaftliche und feste Partnerschaft, lernen aber die Voraussetzungen nicht, die man dafür braucht, ganz einfach deshalb, weil sie nie lernen, was wahre, echte Liebe ist. Für sie bedeutet Liebe Sex.

Dabei steckt die Sehnsucht nach funktionierenden Beziehungen in allen Kindern, davon bin ich überzeugt. Unsere Arche-Kinder, die fast immer aus zerrütteten Familienverhältnissen kommen, wünschen sich für ihre Zukunft das, was wir manchmal als spießig bezeichnen: ein Haus, ein Garten, Frau oder Mann, einen Job, ein Auto und manchmal auch eine Katze oder einen Hund. Viele dieser Kinder wissen allerdings auch, dass sie das niemals erreichen werden.

Echtes Familienleben kennen viele der Arche-Kinder jedoch gar nicht. In ihrem Zuhause lebt man vielmehr nebeneinander her. Viele von ihnen haben noch nie auf dem Schoß eines Erwachsenen gesessen. Wie groß ist also die Wahrscheinlichkeit, dass sie selbst funktionierende Familien haben werden? Man kann nur weitergeben, was man selbst erfahren hat. Wenn man selbst nie wahre Liebe erfahren hat, kann man sie also auch kaum weitergeben. Was die Kinder zu Hause stattdessen vermittelt bekommen, ist Hoffnungs- und Perspektivlosigkeit. Da ist die „schnelle Liebe" in Form von Sex oft die einzige Alternative.

Geschockt war ich über die Aussage eines noch sehr jungen Mädchens. Auf die Frage, ob sie denn mit einem neuen Freund sofort ins Bett gehen würde, antwortete sie mit einem klaren Nein. Was sich zunächst erfreulich anhörte, fand schnell eine ernüchternde Erläuterung: „Wir reden vorher schon ein paar Sätze." Auch die folgende Geschichte erschüttert mich bis heute: Eine Zwölfjährige hatte eine Affäre mit einem Mann, der fast 40 Jahre alt war. Die Mutter fand das gut. Der Grund dafür war ein ganz praktischer: „Der hat ein Auto", erklärte sie. Damit war auch ihr Transport zum Supermarkt oder Arztbesuch gesichert.

Das Buch „Deutschlands sexuelle Tragödie" hat in der Tat was Gutes bewirkt. Heute schauen Fachleute wie Lehrer, Sozialpädagogen und auch Eltern genauer hin. Wir wollten mit dem Buch erreichen, dass Wissenschaftler untersuchen, ob wir es mit einer Hypersexualität zu tun haben, die nur in der sogenannten Unterschicht vorkommt. Und wir sind froh, dass hierüber auch in vielen Universitäten diskutiert und durch Veröffentlichungen sensibilisiert wird, ohne ein zu drastisches Bild zu skizzieren. Und wir wollten, dass man genauer hinschaut, ob es nicht möglicherweise ein Schrei nach Liebe ist, eine Sehnsucht nach körperlicher Nähe, die so viele unserer Kinder heute vermissen müssen. Viele Mütter sehen in den Gesichtern ihrer Kinder einen längst verflossenen Liebhaber und lehnen sie deshalb oft ab, das erleben wir in unserer Arbeit täglich. Dass man heute über solche Fälle öffentlich diskutiert, ist ein Verdienst des Buches.

Weil uns klar war, dass unserem Hauptthema „Kinderarmut" ein depressiver Grundton innewohnt, entschieden wir uns, ein weiteres Buch zu schreiben, das den Weg nach vorne zeigt. „Deutschlands große Chance – Was sich unsere Kinder wünschen und warum wir sie unbedingt ernst nehmen müssen" haben wir es genannt. Hier finden sich neben Gesprächen mit den betroffenen Kindern auch konkrete Forderungen an Politiker und Anregungen für jeden Einzelnen, wie die Situation in Deutschland zu verbessern ist. Es entwickelt eine Perspektive, wo sonst nur noch Perspektivlosigkeit herrscht.

Aus meiner Sicht ist es ein wenig bedauerlich, dass dieses wichtige dritte Buch deutlich weniger Resonanz hervorrief als die ersten beiden. Die Armutskatastrophe und die sexuelle Verwahrlosung haben mehr Menschen angesprochen als die Perspektiven für eine bessere Zukunft. Dabei haben wir – nach einer schonungslosen Analyse des Ist-Zustandes – nichts nötiger als Visionen, die Mut machen und einer Gesellschaft Kraft geben, mit hochgekrempelten Ärmeln die Probleme anzupacken.

Papa Bernd privat

Dass ich für viele Kinder, deren Eltern mit ihrer Verantwortung häufig überfordert sind, eine *Mit*verantwortung übernommen habe, ist bekannt. Zudem haben meine Frau Karin und ich aber selbst noch sechs Kinder – und damit mehr, als sich viele Paare in Deutschland vorstellen können.

Die Arbeit und das Privatleben so miteinander zu kombinieren, dass beides zu seinem Recht kommt, war nicht immer einfach. Aber ich bin dankbar, dass ich sagen kann, dass es bislang gelungen ist.

Ohne das Engagement und die Liebe meiner Frau wäre das alles aber nicht denkbar. Die ersten zehn Jahre wohnten wir ja quasi im „Bauch" der Arche und waren vom frühen Morgen bis spät in die Nacht ansprechbar für die Belange der Kinder und ihrer Angehörigen. Das Privatleben mussten wir stark zusammenstutzen. Umso bewundernswerter ist der Einsatz von Karin. Mit ihren 1,58 Metern Körpergröße wirkt sie eher zierlich, aber mit ihrer im Bedarfsfall resoluten Art flößt sie selbst zwei Meter großen Kerlen mit Springerstiefeln und Glatzen erstaunlichen Respekt ein.

Vereinzelt hatten wir immer wieder junge Leute, die sich einfach so schlecht benahmen, dass wir sie rausschmeißen mussten. Das tun wir nicht gerne – die Arche ist schließlich für alle da –, aber es gibt Situationen, in denen wir die Gäste einfach vor Pöbeleien und Gewalttaten schützen müssen. Mehr als einmal hieß die „Wunderwaffe" in diesem Fall

Karin. Sie tritt den Stunkmachern mit einer Entschiedenheit und Autorität entgegen, wie das vielleicht keine andere Frau kann. Wenn ich nicht da bin und die Mitarbeiter jemanden brauchen, der – entschuldigen Sie die Ausdrucksweise – genug „Arsch in der Hose" hat, um für Ordnung zu sorgen, dann wenden sie sich an Karin. Und sie werden nicht enttäuscht. Karin konnte sogar „Glatzen" in Rage einen Tritt in den Hintern geben – und sie verschwanden. Andere Frauen hätten dafür eine Tracht Prügel kassiert. Aber Karin hat eine Autorität wie kaum eine andere Frau. Wir haben hier einen Mitarbeiter, der aus schwierigsten Verhältnissen kommt und der in den letzten fünf Jahren 52 juristische Verfahren gegen sich laufen hatte. Der sagt mir: „Bernd, vor deiner Frau habe ich mehr Respekt als vor dir."

Und meine Kinder? Die mussten selbstverständlich an manchen Stellen zurückstecken. Aber nicht weil ihr Vater auf dem Selbstverwirklichungstrip war, sondern weil es die Not der Kinder aus sozial schwachen Familien einfach erforderte.

Einmal hielt ich einen Vortrag an der Fachschule, an der meine Tochter Judith Sozialpädagogik studierte. In der Aula saßen 140 Studenten und in der anschließenden Diskussion kam die unvermeidliche Frage: „Wie gehen denn Ihre Kinder damit um, dass so viele andere Kinder zu Ihnen ‚Papa' sagen?" Anstatt selbst zu antworten, sagte ich: „Meine Tochter ist ja hier, die ist groß genug, die kann die Frage beantworten." Dann stand Judith auf, ging ans Mikrofon und berichtete: „Als ich 13 oder 14 war, da gab es zwei Wochen, in denen ich zu jedem Kind sagte: ‚Das ist nicht *dein* Papa, das ist *mein* Papa.' Da war ich richtig eifersüchtig. Aber das war bald vorbei." Und dann fügte sie etwas hinzu, was mich heute noch rührt. Sie sagte: „Jetzt will ich Erzieherin werden und später das Gleiche für Kinder sein, was mein Vater für so viele Kinder ist." Heute ist sie 22 und leistet in unserer Einrichtung eine sehr gute Arbeit.

So haben das auch meine anderen Kinder erlebt. Eifersucht war eine kleine, eine verständliche, letztlich aber zu vernachlässigende Phase. Sie wussten, dass sie mir immer wichtiger sein würden als andere Kinder. Sie hatten aber auch Verständnis dafür, dass das Wohl vieler Arche-Kinder stark davon beeinflusst war, ob ich mich für sie einsetzte oder nicht. Und schließlich ist der Funke auch übergesprungen.

Meine Frau und ich haben nie auch nur im Ansatz versucht, den Berufsweg unseres Nachwuchses in Richtung Arche zu steuern, und trotzdem haben die Großen schon diesen Weg eingeschlagen. Unsere Älteste wollte zuerst Fremdsprachenkorrespondentin oder Dolmetscherin werden, entdeckte dann aber ihre eigene Liebe zu den Kindern, mit denen sie ja teilweise aufgewachsen war.

Inzwischen haben die drei Ältesten den Weg in unser Werk gefunden. Daniel war nach seiner Ausbildung als Anlagenmechaniker zuerst einmal Zeitsoldat und ist heute für technische Belange in den Archen zuständig. Judith arbeitet als Erzieherin in zwei Berliner Archen. Der Dritte, Timo, der seine Ausbildung in Mediengestaltung absolviert hat, hat jetzt auf Sozialpädagogik umgeschwenkt und arbeitet heute ebenfalls fest in der Arche mit.

Kürzlich drehte sich bei einem Abendessen im Familienkreis mal wieder alles um unseren Arbeitstag – also um die Arche. Irgendwann reichte es meiner zwölfjährigen Damaris. Sie verschränkte die Arme und verkündete: „Ich will jetzt nicht mehr in die Schule gehen – ich will auch in der Arche arbeiten." Als wir vor einigen Jahren als Familie überlegten, aus dem Arche-Gebäude weg- und in ein Privathaus zu ziehen, war es auch die damals fünf- oder sechsjährige Damaris, die lautstark Einspruch erhob. „Wir können doch hier nicht weg. Die Kinder brauchen uns doch!", protestierte sie.

Manchmal berichteten sie und ihre Geschwister von Klassenkameraden, denen es zu Hause schlecht ging, und stupsten mich an: „Papa, denen musst du auch helfen."

Das zeigt mir, dass wir in dieser Hinsicht mit Sicherheit nicht alles falsch gemacht haben. Natürlich gibt es Stunden, in denen man sich wünschen würde, einen ganz normalen Alltag zu haben – so wie an jenem Abend ...

Wir hatten uns spätabends (die Jüngste war im Bett) vor dem Fernsehgerät zusammengesetzt, um gemeinsam meinen Lieblingsfilm anzusehen: „Der Patriot" mit Mel Gibson. Der Streifen rührt mich immer wieder an. Der Held verteidigt im amerikanischen Bürgerkrieg seine Familie. Eine Szene finde ich besonders herzzerreißend, da kommen mir vor dem Fernsehgerät immer wieder die Tränen. Die kleinste Tochter des Helden ist wütend auf ihren Vater und redet nicht mehr mit ihm. Er muss seine Familie wieder verlassen, um in den Kampf zu ziehen – und die Kleine spricht nicht einmal, als er sich von ihr verabschiedet. Schweren Herzens dreht er sich zu seinem Pferd um, um aufzubrechen. Da rennt das Mädchen plötzlich hinter ihm her und ruft: „Papa, Papa, ich will doch mit dir reden, aber bleib hier ..."

Wie gesagt, ich liebe diesen Streifen, und wir hatten uns spät versammelt, um ihn gemeinsam anzuschauen. Es war nach zehn, der Film hatte gerade begonnen, als plötzlich mein Handy klingelte. Wir alle wussten: Um diese Zeit kann das nur ein Notfall sein! Wir schauten einander an. Das Mobiltelefon funkte mitten in unsere nächtliche Idylle. Aber es war tatsächlich ein Notfall, und ich musste sofort das Haus verlassen, um eine Familie aufzusuchen, die dringend Hilfe brauchte.

Letztlich haben meine Kinder Verständnis dafür. Sie wissen, dass es brenzlige Situationen gibt, in denen es auf schnelle und tatkräftige Unterstützung ankommt. Am nächsten Tag wollten sie natürlich alle wissen, was denn los war. Ich berichtete dann, wie bei anderen solchen Vorfällen auch. Nicht immer vollständig, weil manches, was ich erlebe, für Kinderseelen kaum verkraftbar ist und ich außerdem dem Seelsorgegeheimnis unterliege, aber so viel, dass sie verstehen: Das war es wert, den Lieblingsfilm dahinfahren zu lassen.

Vielleicht fragen Sie sich, was für Notfälle das sind, die einen schnellen Einsatz nach 22:00 Uhr erfordern. Mal sind es sturzbetrunkene Erwachsene, die sich zu Hause in einer Art und Weise aufführen, dass sie eine Bedrohung für alle Mitbewohner darstellen. Da ist es unter Umständen hilfreich, wenn jemand, der nicht zur Familie gehört, zur Stelle ist und eingreift. Oder es kann sein, dass Eltern ihr Kind versehentlich oder absichtlich verletzt haben, vielleicht sogar schwer. Um die Behörden nicht auf sich aufmerksam zu machen, gehen sie aber mit dem Kind nicht zum Arzt. In Einzelfällen kann das natürlich richtig gefährlich sein. Da ist es besser, wenn sie sich dann wenigstens an uns wenden, damit wir einen Weg finden, dem Kind zu helfen.

Im Frühjahr 2009 bekamen wir eines Abends gegen 23:00 Uhr einen Anruf von der Polizei. Die Beamten berichteten, sie seien von besorgten Nachbarn auf eine Familie aufmerksam gemacht worden, nach der sie einmal sehen sollten. Als die Polizei dort eintraf, stellte sich den Beamten folgendes Bild dar: Fünf Personen – Mann, Frau und drei Kinder – lebten zusammen in einer Einzimmerwohnung. Alle schliefen auf dem Boden, weil keine Betten vorhanden waren. Nun fragte man uns, ob wir noch in derselben Nacht Matratzen besorgen könnten, ansonsten würde man die Kinder sofort dem Krisen-Notdienst übergeben und in einer Pflegefamilie unterbringen müssen.

Die Mutter war, wie sich herausstellte, vor ihrem Ehemann geflüchtet, hatte dann diesen Typen in Berlin kennengelernt, der in einer Einzimmerwohnung wohnte, und war mit ihren Kindern zu ihm gezogen. Eine Woche hatten sie nun dort zu fünft auf engstem Raum gelebt – bis die Nachbarn schließlich die Polizei verständigt hatten.

Wir fanden das Paar und die drei Kinder in primitivsten Umständen vor: keine Matratzen, nichts zu essen im Kühlschrank, nichts für den Alltagsbedarf der Kinder. Das Wohl der Kinder war in der Tat gefährdet. Meine Frau und ich zogen also noch in der Nacht los und organisierten aus der Arche Matratzen und eine ganze Menge Lebensmittel. Die Angelegenheit wurde dann dem Jugendamt übergeben – und das war auch richtig so –, aber die Mutter und ihre Kinder konnten wenigstens zusammenbleiben.

Es soll hier aber nicht der Eindruck entstehen, dass wir praktisch jede Nacht als Kriseninterventionsteam in Hellersdorf oder anderen Bezirken unterwegs sind. Ich verbringe auch viel Zeit mit meiner Familie – heute sogar mehr als früher, als wir noch in der Arche wohnten. Aber an manchen Abenden sind Einsätze dieser Art unvermeidlich. Im Durchschnitt kommt so etwas aber vielleicht einmal im Monat vor.

Zu den wenigen festen Einrichtungen in unserer Familie gehört das gemeinsame Abendessen gegen 19:30 Uhr. Das ist nicht nur eine schnelle Mahlzeit, sondern eine echte Gesprächsrunde, in der jeder von seinem Tag erzählen kann. Eineinhalb Stunden sind da immer schnell vergangen. Das klappt natürlich auch nicht jeden Tag, aber doch ziemlich oft. Das Abendessen hat sich jedenfalls zum Mittelpunkt unserer Familienkommunikation entwickelt.

Interessanterweise sind unsere Kinder nicht von Flucht-
gedanken geplagt. Meine älteste Tochter ist inzwischen seit
eineinhalb Jahren verheiratet, lebt also schon eine Weile
nicht mehr bei uns. Neulich fragte ich sie: „Sag mal, wenn
du zu Hause bist, was kochst du da eigentlich?", worauf sie
antwortete: „Ich habe noch nie gekocht, seit ich verheiratet
bin. Wir essen doch immer bei euch."

Unser Schwiegersohn ist ein Einzelkind, und er sagt, er
genießt die große Familie. Noch verrückter: Das junge Pär-
chen hat noch nie alleine Urlaub gemacht – nicht einmal
eine Hochzeitsreise! Ich habe meiner Tochter schon gesagt:
„Mensch, ihr müsst doch mal zu zweit irgendwo hinfah-
ren."

„Nein", hat sie geantwortet, „du bist selbst daran schuld,
dass ich in der Großfamilie aufgewachsen bin und einfach
viel Leben um mich herum brauche."

So sind die anderen Kinder auch, deshalb werden unsere
Sommerurlaubsgesellschaften nicht kleiner, sondern eher
größer. 2010 sollte es nach Norwegen gehen, die Familie erweitert um den Schwiegersohn. Wir waren also neun
Leute. Das bedeutete, dass wir zwei Autos brauchten, um
am Urlaubsort anzukommen, und außerdem ein größeres
Haus, damit wir da alle gut unterkommen konnten. Jedes
Jahr sagen die Älteren: „Das ist wohl der letzte Urlaub, bei
dem wir noch mit dabei sind." Aber abgesprungen ist bislang noch keiner.

Auch wenn manches in dem Milieu, in dem wir arbeiten, problematisch ist: Unsere Kinder wollten wir davon nie
fernhalten.

Uns war immer klar: Wir können sie nicht von allen Problemen abschirmen. Aber wir wollten immer für sie da sein
und ihnen zeigen, dass wir Interesse an ihnen haben. Deshalb war ich zum Beispiel auch fast zehn Jahre Elternsprecher,

habe mich also auch in den Bildungsalltag eingebracht und eingemischt. Leider habe ich an den Elternabenden oft festgestellt, dass ausgerechnet die Eltern fehlten, die es am nötigsten gehabt hätten.

Zu Beginn unserer Zeit in Berlin ging ich oft auch noch mit auf Klassenfahrten, um die Lehrer zu unterstützen – auch bei Ausflügen von Klassen, in denen ich gar keine eigenen Kinder hatte. Ich fand es wichtig, dass die Jugendlichen auch männliche Ansprechpartner und Erzieher haben, denn im Bildungsbetrieb sind sie fast ausschließlich von Frauen umgeben. Erziehung in Kindergarten und Grundschule liegt fast ausschließlich in den Händen von Frauen. Bei diesen Ausfahrten war offensichtlich, wie die Kinder es genossen, mit einem Mann zu spielen, zu kämpfen, sich mit ihm auseinanderzusetzen. Die Männer sind ansonsten in der Welt dieser Kleinen nahezu ein Totalausfall. Das gehört zu den vielen Defiziten, mit denen sie aufwachsen müssen.

Sicher wäre es für unsere Kinder und uns leichter gewesen, wenn sie irgendwo behütet im Schwarzwald in gutbürgerlichem Milieu auf die Schule gegangen wären. So sind wir alle miteinander allerdings auch tiefer in die soziale Schicht vorgedrungen, mit der wir arbeiten.

Irgendwann kam allerdings der Punkt, an dem wir uns gegen die Regelschule vor Ort entschieden haben, und zwar als eine unserer Töchter nicht nur von ihren Mitschülern, sondern sogar von einer Lehrerin gemobbt wurde. Nachdem alle Versuche, die Situation zu verbessern, nichts fruchteten, war für uns eine Grenze erreicht. Wir haben die Konsequenz gezogen und unsere Tochter von der Schule genommen. Inzwischen gehen die Jüngeren alle auf eine christliche Schule in einem anderen Bezirk. Das hat jedoch nicht etwa mit einem Abgrenzungsbedürfnis oder mit Berührungsängsten zu tun. Das war eine situationsbedingte

Entscheidung, weil wir als Eltern natürlich auch Verantwortung für den Bildungserfolg unserer Kinder haben und uns deshalb in diesem speziellen Fall gegen eine Schule entscheiden mussten.

Es gibt hier in Hellersdorf ausgezeichnete Schulen mit Lehrkräften, die alles daransetzen, den Kindern aus sozial schwachen Familien so viel Gutes wie möglich auf ihren Weg mitzugeben. Empfehlenswerte Bildungseinrichtungen, die meistens schnell überlaufen sind, weil sich ihre hervorragende Leistung schnell herumspricht. Allerdings wissen wir, dass bei Bewerbungen sehr genau geschaut wird, wo jemand zur Schule ging. Ich habe meinen Kindern deshalb geraten, bei der Schule immer nur „Berlin", aber nie den Stadtbezirk anzugeben. Auf diese Weise lässt sich vermeiden, dass bei irgendwelchen Personalern Vorurteile und Ressentiments bedient werden. Wer aus einem Ballungszentrum kommt (und das gilt nicht nur für Berlin), hat schnell seinen Stempel weg. Dann sinken die Chancen, zum Vorstellungsgespräch eingeladen zu werden, drastisch.

Das Gute ist, dass meine Kinder sehr fleißig sind. Sie haben am Leben ihrer Eltern beobachtet, dass man selten etwas einfach so geschenkt bekommt und dass man sich für das meiste einfach anstrengen und hart arbeiten muss. So haben sie beides kennengelernt: auf der einen Seite frustrierte Erwachsene im Viertel, die keine Chance auf dem Arbeitsmarkt haben, die perspektivlos rumhängen und ihre Perspektivlosigkeit an ihre Kinder weitergeben, und auf der anderen Seite, was durch Leistungsbereitschaft möglich ist. In den Köpfen unserer Kinder hat das etwas bewegt. So hat mein Ältester, Daniel, als er vier Jahre bei der Bundeswehr war, manche Briefe nach Hause geschrieben, in denen er seiner Mutter zum Beispiel dafür dankte, dass sie während der Schwangerschaft nicht geraucht hat. In dieser Zeit ist bei ihm ein Bewusstsein dafür entstanden, was ihm und seinen Geschwistern Gutes widerfahren ist, und er kann seinen Dank auch artikulieren – dazu wären die meisten jungen Menschen Anfang 20 wahrscheinlich nicht in der Lage.

Daniel war es auch, der bei seinen Bundeswehrkameraden dagegenhielt, wenn diese allzu heftig über die sogenannten Asozialen herzogen, die ihre Kinder vernachlässigen. Er gab ihnen unsere Arche-Bücher zu lesen, worauf die Reaktionen teilweise sehr ablehnend ausfielen. Manche sagten sogar: „Das hat sich dein Vater doch alles nur ausgedacht." Doch Daniel wusste ja, dass ich mir das nicht ausgedacht hatte, denn er hatte vieles, wovon ich in den Büchern berichtet habe, ja selbst miterlebt.

Schlussendlich sind meine Frau und ich sehr froh, dass wir unsere Kinder nicht von diesem Milieu abgegrenzt haben, sondern dass sie in diesem Kontrast unserer behüteten Familie und der oft zerrütteten Beziehungsgeflechte außerhalb aufwachsen konnten. Die Solidarität mit denen, die unverschuldet in einem kaputten Umfeld leben, wächst so offenbar von alleine.

Ich bin dankbar dafür, dass die Belastungen, denen wir durch die Dauerbeanspruchung in der Arche oft ausgesetzt waren, unserer Familie nicht geschadet haben. Übrigens ebenso wenig wie unserer Ehe. Ich glaube sogar, dass unsere Beziehung dadurch eher gefestigt wurde. Wir waren zu engagiert, um viel Stress miteinander zu haben. Ehrlicherweise muss ich jedoch zugeben, dass die ersten Jahre unserer Aufbauarbeit in Berlin wirklich schwierig waren. Wie ich beschrieben habe, hat es ungeheuer viel Energie gekostet, in materieller Hinsicht unser Überleben zu sichern. Wir waren so stark ehrenamtlich engagiert, dass ich teilweise nur mit nächtlichen Nebenjobs für Einnahmen sorgen konnte. Das war sehr, sehr anstrengend. Dazu der Kontrast: meine Frau aus behütetem Elternhaus, in einer Atmosphäre der Liebe aufgewachsen – und ich aus eher schwierigen Verhältnissen. Wir mussten uns im Alltag also erst aneinander gewöhnen, sozusagen unsere Kommunikationsstile kompatibel machen. Meine manchmal etwas ruppige Art war für meine Frau sehr gewöhnungsbedürftig. Ganz ablegen konnte ich sie leider dennoch nicht. In den ersten fünf, sechs Jahren war sogar hin und wieder von Scheidung die Rede – so weit kam es dann aber Gott sei Dank nicht. Ehe ist auch ein Wachstumsprozess. Es ist immer eine Herausforderung, wenn zwei Menschen zusammenleben.

Neben der Arche und der Familie gibt es aber natürlich noch einen dritten Bereich in meinem Leben: die Freizeit. Zugegeben, über viele Jahre gab es keinen Raum für Hobbys und Freizeit. Die Arche war, überspitzt gesagt, mein Beruf, meine Freizeit, mein Hobby, mein Leben. Das ist sie in gewisser Weise auch heute noch, aber einen klitzekleinen Freiraum habe ich mir dennoch geschaffen, als unsere private finanzielle Lage etwas besser aussah. Ich hatte das Bedürfnis, auch wieder einmal etwas für mich zu machen. In der Zeitung las ich, dass eine neue Art von Fahrzeugen produziert würde: Quads. Das sind diese Motorräder mit vier Rädern, für die man aber keinen Motorradführerschein braucht – der fürs Auto reicht aus. Also habe ich mir an einem Wochenende so ein Quad ausgeliehen. Meine Kinder lachten mich aus. Sie fanden es nur lustig bis peinlich, ihren Vater auf diesem Gefährt zu sehen, das ihnen wahrscheinlich eher wie ein Seniorenmotorrad vorkam. Allerdings waren sie sich nicht zu schade, bei den Spritztouren an jenem ersten Wochenende mitzufahren. Sie hatten großen Spaß daran. Mir gefiel das Ganze so gut, dass ich beschloss, mir so ein Gefährt zu kaufen. Dafür habe ich

2006 sogar – ich muss es gestehen – einen Kredit aufgenommen.

Vom Papasport wurde das Quadfahren schnell zum Familienvergnügen. Die Älteren fingen sogar an zu sparen, um sich ebenfalls so ein motorisiertes Vierrad kaufen zu können. Schließlich verkündete ich, dass ich nun auch die sportliche Herausforderung suchen wollte: den Wettkampf. In Berlin gab's da nicht viel. Im Internet fand ich aber heraus, dass im Harz Meisterschaften ausgetragen wurden. Ich nahm Kontakt zu den Veranstaltern auf, und die überredeten mich, doch gleich den Wettbewerb in dem unwegsamen Gelände mitzufahren. Das machte ich dann auch – und wurde siebter (oder war es achter?) in einem Feld von rund 20 Teilnehmern. Das Ganze machte so einen Spaß, dass ich mir vornahm, im nächsten Jahr wieder beim Quadtreffen dabei zu sein.

Dreimal habe ich bisher mitgemacht und dabei die Szene kennengelernt. Dort machte es schnell die Runde, dass ich dieser Arche-Pastor aus Berlin sei. Schließlich sprachen mich die Verantwortlichen an: „Mensch, du bist doch Pastor. Es gibt zwar Motorradgottesdienste, aber noch keinen Quadgottesdienst. Könntest du das nicht mit uns machen?" Darauf habe ich mich gerne eingelassen. So gab's 2009 in der Westernstadt Pullman City im Harz den ersten Quad-Gottesdienst überhaupt.

So viel zur Privatperson Bernd Siggelkow. Wobei – mittlerweile war ich so häufig in den Medien, dass ich eigentlich keine Privatperson mehr bin. Klar, ich bin kein A-Promi, der sich mit Bodyguards schützen muss (und darüber bin ich froh), aber erkannt werde ich immer wieder. Ich stand beispielsweise mal beim Einkaufen an der Kasse und die ganze Zeit drehte sich ein Mann nach mir um. Mir wurde das schon richtig unangenehm. Ich wusste ja nicht, warum er mich so anguckte. Mir lag schon eine pampige Bemerkung auf der

Zunge. Schließlich sprach der Mann mich aber doch an und fragte: „Kann es sein, dass ich Sie gestern im Fernsehen gesehen habe?" – Da war ich froh, dass ich meine Klappe gehalten hatte.

So etwas passiert mir immer wieder. Vor einiger Zeit besuchte ich eine sehr große Gemeinde. Da baute sich ein Mann vor mir auf, musterte mich von oben bis unten und fragte: „Ist er's oder ist er's nicht?" Ich war mir zwar nicht sicher, was er von mir wollte und ob er sich tatsächlich fragte, ob er da Bernd Siggelkow vor sich hatte, aber ich antwortete einfach: „Ja, ich bin's."

Man erkennt an solchen Kommentaren die Unbeholfenheit der Leute, wenn sie versuchen, mit einem ins Gespräch zu kommen. Wenn ich in einer fremden Umgebung sehe, dass zwei Leute mich anstarren und dann etwas tuscheln, mutmaße ich, dass ich als Arche-Gründer erkannt worden bin. Meine 15-jährige Tochter kam einmal von der Schule und erzählte, dass ihre Mitschüler es cool fänden, mit jemandem in der Klasse zu sein, dessen Vater prominent ist. Ich erklärte ihr, dass es zwischen prominent und prominent einen großen Unterschied gibt. Letztlich wird man aber so wahrgenommen – und steht immer auch ein bisschen unter Beobachtung.

Auch im Straßenverkehr. Vor zwei Jahren fuhr ich gedankenverloren mit meinem Auto durch Berlin und behielt den Tacho nicht im Blick. Ich fuhr 70 km/h, wo 50 erlaubt waren – und wurde prompt von einer Laserkanone der Polizei erfasst. Eine junge Politesse winkte mich an den Fahrbahnrand. „Sie sind hier gerade mit überhöhter Geschwindigkeit gefahren. Bitte geben Sie mir mal Ihren Führerschein und Ihre Fahrzeugpapiere." Damals hatte ich noch den Vorvorläufer des heutigen Führerscheins, der bereits zu einem etwas unansehnlichen grauen „Lappen" verkommen war. „Wat is'n det für'n alter Führerschein?", fuhr sie mich mit Berliner Schnauze an.

Ich war ohnehin schon völlig genervt von der ganzen Situation und bellte zurück: „Das ist kein *alter* Führerschein, sondern ein *richtiger*."

Nun änderte sich auch ihr Ton, ein regelrechter Streit bahnte sich an. Da trat ihr älterer Kollege hinzu, guckte durch die Scheibe und grüßte mit aufgehelltem Gesicht: „Ach, Herr Pfarrer, wie geht's denn?" Er fragte seine Kollegin, was denn vorgefallen sei. Sie erklärte es ihm, woraufhin er sich eine freundlich-spöttische Bemerkung nicht verkneifen konnte: „Wieder im Auftrag des Herrn unterwegs, Herr Pfarrer?" Dann bedeutete er seiner Kollegin, sie könne die Sache auf sich beruhen lassen. „Ist eine Spende für die Arche", sagte er augenzwinkernd in meine Richtung. Das ließ ich mir nicht zweimal sagen – Scheibe hoch und weg.

Leider passiert mir das nicht immer. Allerdings fahre ich auch nur sehr selten mit überhöhter Geschwindigkeit.

So richtig „privat" bin ich also eigentlich nie. Allerdings lässt sich die Privatperson Bernd Siggelkow auch nicht wirklich von dem Arche-Mann trennen. Die Arbeit, die ich tue, ist mir ein Herzensanliegen und reicht, wie ausführlich beschrieben, immer wieder auch in den Privatbereich hinein. Und ich bin auch froh, sagen zu können, dass ich meine Arbeit liebe.

Allerdings haben sich in den letzten Jahren mit dem Wachsen der Arche meine Aufgabenschwerpunkte ziemlich verlagert – was meinen Begabungen nicht immer entgegenkommt. Als Leiter unserer Einrichtungen habe ich auch viele administrative Aufgaben zu erledigen. Dabei bin ich nicht der Typ, der gerne Papierberge versetzt und Stapel abarbeitet. Ich tue es, weil es sein muss, aber mein

Herz ist nicht immer dabei. Wenn ich nicht so eine großartige Unterstützung in meinem Büro hätte, wäre mein Schreibtisch das reinste Chaos. Viel lieber als an Computer und Telefon hänge ich mit den Kindern rum, rede mit ihnen, spiele mit ihnen, höre mir ihre Geschichten an. Für die Schreibtischarbeit bin ich einfach nicht geschaffen, dazu muss ich mich oft zwingen. Wenn's im Büro mal zu frustig ist, gehe ich einfach für eine halbe Stunde mit den Kindern Tischkicker spielen. Da gebe nicht nur ich den Kindern was, sondern die auch mir. Da tanke ich auf und kann mich nachher wieder an meinem Schreibtisch konzentrieren.

Mittlerweile bin ich aber auch sehr viel unterwegs, werbe für die Arche, knüpfe Kontakte, versuche Menschen auf die Not unserer Kinder aufmerksam zu machen. Inzwischen kommt auch die eine oder andere Tagung hinzu – kürzlich etwa eine Armutskonferenz in Moskau –, und das sind auch sicher wichtige Veranstaltungen. Meinem Naturell kommen diese Verpflichtungen aber nicht unbedingt entgegen. Es fällt mir unendlich schwer, stundenlang dazusitzen und den Analysen und Gedanken kluger Menschen hoch konzentriert zu folgen. Es juckt mich in den Fingern, etwas zu tun, etwas zu bewegen.

In den Ferien kann ich ebenfalls nicht einfach nur nichts tun. Ein Strandurlaub – nur in der Sonne liegen und sich brutzeln lassen – wäre für mich eine Strafe. Ich brauche ein Mindestmaß an Aktivität. Schwimmen, spazieren, ja, selbst angeln ist besser als tatenlose Ruhe.

Apropos Ferien – ich habe da noch eine Vision: Ich träume davon, irgendwann einmal im Umland der Großstadt einen Bauernhof zu erstehen, wo wir als Familie in separaten Einheiten leben und gleichzeitig Wochenend- oder Ferienangebote für Kinder der Arche machen können. Dieser Hof könnte auch ein Zufluchtsort für Eltern sein, die mal für ein paar Tage aus ihren Plattenbauten rausmüssen.

Es ist interessant, dass unsere leiblichen Kinder diese Vision zunehmend teilen. Ich bin gespannt, wann sie Wirklichkeit wird.

Wie sich die Arche finanziert

Wer die Entwicklung der Archen in Deutschland betrachtet, könnte sie für erfolgreich halten. Das sind sie in gewisser Weise auch, aber nur aufgrund zahlloser Spender, Unterstützer, Partner. Denn egal, wo wir arbeiten: Die Betriebskosten müssen wir überall alleine tragen. Die Archen erhalten kein Geld von Bund, Ländern oder Kommunen. In München hat die Stadt ein Grundstück und einen Containerbau zur Verfügung gestellt. Für alle weiteren Kosten muss die Arche selbst aufkommen. In Düsseldorf werden wir in absehbarer Zeit ein neues Gebäude zur Verfügung gestellt bekommen und dann aus einem kleinen „Kellerklub" in das neue Gebäude umziehen. Das heißt, dass wir es dann von der Stadt anmieten werden. Für die anderen Standorte haben wir private Partner und Sponsoren gefunden. Immer mehr Unternehmer sind bereit, in unsere Kinder und damit in unsere Zukunft zu investieren. Und anders geht es auch nicht.

Wir machen die Erfahrung, dass der Staat sich immer mehr aus seiner sozialen Verantwortung zurückzieht. Das ist Fakt und die Arche kann das nicht verhindern. Es nützt wenig, wenn wir den vergangenen Zeiten nachtrauern. Für die Kinder macht es keinen Unterschied, woher die Hilfe kommt – Hauptsache, es kommt Hilfe. Wir müssen nach Alternativen suchen, und die gibt es auch. Wir dürfen den Staat zwar nicht aus der Verantwortung entlassen, aber in der Zivilgesellschaft müssen alle mehr Verantwortung für die gesellschaftlichen Belange übernehmen. Mit „wir" meine ich Vereine, Kirchen und Schulen, aber eben auch jeden Einzelnen. Und glücklicherweise sind in Deutschland viele Menschen bereit, sich mit Geld und mit ihrer Freizeit zu investieren, um die Not der Kinder zu lindern.

Unzählige Medien und Unternehmen haben Stiftungen gegründet, um Kindern im In- und Ausland zu helfen. Zu den bekanntesten gehören die „RTL-Kinderstiftung", „Ein Herz für Kinder" (eine Initiative der Bildzeitung), die „Stern-Stiftung" oder der „Red Nose Day" von Pro 7. Von der Stiftung der Berliner Morgenpost habe ich bereits erzählt. Alle diese Stiftungen helfen auch der Arche. Mit Transparenz und der Unterstützung von Medien erreichen wir die Öffentlichkeit. Rund 70 Prozent aller Deutschen kennen uns, das haben Umfragen ergeben.

Die Zusammenarbeit mit Organisationen setzt gegenseitiges Vertrauen voraus. Einige unserer Geldgeber schauen sich unsere Bilanzen genau an. Auch gibt es vorher zahlreiche Gespräche. Für uns ist es sehr wichtig, dass unsere Unterstützer an der persönlichen Situation der Kinder Interesse zeigen. Unser Argument: Die Kinder von heute sind die Mitarbeiter und Kunden der Firmen von morgen. Deswegen sollte jedes Unternehmen, das an der Zukunft unseres Landes Interesse hat, in die Kinder investieren. Wir lassen uns allerdings von niemandem in unsere Arbeit und inhaltliche Ausrichtung reinreden. Es kam vereinzelt vor, dass wir nach Gesprächen merkten, dass die Arche und ein bestimmtes Unternehmen einfach nicht zueinanderpassen. In diesen Fällen haben wir von einer Partnerschaft dann auch abgesehen.

Eine der ersten großen Firmen, die mit uns kooperierten, ist das Hamburger Unternehmen Unilever, das sich, wie bereits erwähnt, sehr stark in die Hamburger Arche einbringt.

Viele der Mitarbeiter helfen ehrenamtlich in der Arche mit. Aber auch einige andere Hamburger Firmen und Vereine unterstützen unsere dortige Dependance.

Doch auch die unzähligen kleineren Einzelspenden sind für uns überlebenswichtig. Sie schaffen eine gewisse Unabhängigkeit. Ein Rechenbeispiel: Wenn uns hunderttausend Menschen monatlich je zwei Euro spenden würden, dann könnten wir eine zusätzliche kleinere Einrichtung mit zwei oder drei Mitarbeitern finanzieren. Damit wären wir in der Lage, weitere 80 Kinder zu betreuen und ihre Chancen im Leben zu verbessern. Uns ist jeder willkommen, der etwas gegen die seelischen und finanziellen Leiden der Kinder in unserem Land tun möchte.

In München unterstützt uns der Unternehmer Peter Alexander Wacker von der Wacker Chemie AG. Aber auch hier sind es in erster Linie die unzähligen Bürger, die uns mit kleineren oder größeren Gaben unter die Arme greifen. In Köln arbeiten wir mit der Krüger GmbH, einem Unternehmen aus Bergisch Gladbach, zusammen. In Leipzig will die Firma Porsche sich für die Arche engagieren.

Ich kann hier nicht alle unsere Förderer aufzählen. Aber danken kann ich ihnen an dieser Stelle, und das tue ich voller Begeisterung für das, was unsere Unterstützer möglich gemacht haben. Sie haben die Biografien von vielen von Deutschlands vergessenen Kindern umgeschrieben.

Wenn wir uns nach Gesprächen mit möglichen Sponsoren entschließen zusammenzuarbeiten, spielt immer die Nachhaltigkeit der geplanten Kooperation eine große Rolle. In Frankfurt öffnete Anfang 2010 eine neue Arche. Dort gibt es einen Freundeskreis aus Managern und Unternehmern. Vorsitzender ist der frühere Vorstandsvorsitzende der Commerzbank, Dr. Martin Kohlhaussen. Die Mitglieder des Arche-Freundeskreises sammelten fast zwei Millionen Euro für den Aufbau der neuen Arche – eigentlich ein unvorstellbarer Betrag! Vom ersten Tag an stürmten die Kinder diese Einrichtung, weit über 100 junge Menschen kommen täglich in die Räumlichkeiten in einer Gesamtschule im Frankfurter Stadtteil Griesheim. Kaum wurde diese Arche eröffnet, müssen wir schon über eine Erweiterung an diesem Standort nachdenken.

Sehr stolz sind wir auch auf die Kooperation der „McDonald's Kinderhilfe Stiftung". Ebenso wie auf die mit „Tribute to Bambi" – dahinter steht ein Netzwerk aus Medien, Stars und Unternehmen. Beide engagieren sich finanziell auch in der Potsdamer Arche. In der Landeshauptstadt von Brandenburg haben wir übrigens einen großen Freund unseres Hauses gefunden: Günther Jauch. Man darf das an dieser Stelle mal erwähnen: Er finanziert alle laufenden Kosten in der Potsdamer Arche. Ohne Günther Jauch würde es die Arche dort nicht geben. Eines Tages besuchten er und seine Frau die Hellersdorfer Arche. Sie nahmen sich dafür viel Zeit. Der beliebte Fernsehmoderator musste unzählige Autogramme schreiben und die Fragen der Kinder beantworten. Dann sagte Jauch zu mir: „Herr Pastor Siggelkow, ich habe bisher in Steine investiert, jetzt möchte ich in Köpfe investieren. Lassen Sie uns eine Arche in Potsdam bauen."

Zwei Jahre später konnten wir dieses Haus eröffnen. Über 100 Kinder feierten zusammen mit Sponsoren, Mitarbeitern, Freunden und den Handwerkern der beteiligten Firmen die Einweihung. Mit dabei waren Günther Jauch, Henry Maske und unsere Botschafterin Susan Sideropoulos von „Gute Zeiten, schlechte Zeiten" (GZSZ), der Kultserie auf RTL. Es war eine Feier im Spätsommer 2009 bei herrlichem Sonnenschein.

Susan Sideropoulos ist übrigens nicht die einzige Botschafterin der Arche. Im Dezember 2006 baten wir die Fernsehmoderatorin Bettina Cramer, unsere Interessen in der Öffentlichkeit zu vertreten. Auch der Fußballtrainer Falko Götz hat die Rolle als Arche-Botschafter übernommen. Weitere Botschafter sind der Schauspieler Erdogan Atalay, der jüngste DTM-Fahrer aller Zeiten, Johannes Seidlitz, der Musikproduzent Dieter Falk und die Münchner Charity-Lady Elke Volk.

Etwas skurril war für uns die Anbahnung der Partnerschaft mit dem Comedian Mario Barth. Das geschah Weihnachten 2008. Ich erledigte gerade meine letzten Weihnachtseinkäufe, als mein Handy klingelte. Auf dem Display sah ich die Nummer unseres Pressesprechers Wolfgang Büscher. Das roch nach Arbeit. So dankbar ich für das Medieninteresse war und bin – im Vorweihnachtsstress fehlte mir ein bisschen die Energie, mich womöglich noch auf einen Besuch im Fernsehstudio vorzubereiten. Nur zögerlich drückte ich auf die grüne Taste. „Wolfgang, fass dich kurz. Was ist los?", fragte ich.

Was dann folgte, war in der Tat ein bisschen seltsam. Wolfgang Büscher berichtete Folgendes: Der Comedian Mario Barth habe sich bei ihm gemeldet. Er wolle der Arche Geld spenden, und zwar eine große Summe. Unser Pressesprecher versicherte mir, der Mann habe sich wirklich so angehört wie Mario Barth. „Aber vielleicht wollte mich ja auch nur einer auf den Arm nehmen, ein Radiosender vielleicht", überlegte Wolfgang laut.

Wir kamen in unserer privaten Telefonkonferenz jedoch zu dem Schluss, dass es so oder so besser sei, sich auf die Geschichte einzulassen. Wenn es wirklich der Erfolgscomedian war, dann hätten wir einen tollen Unterstützer gewonnen. Und wenn uns jemand veräppeln wollte – na ja, dann waren wir wenigstens keine Spielverderber und hatten dennoch die Möglichkeit, über die Medien auf die notvolle Situation vieler Kinder aufmerksam zu machen.

Es war damals tatsächlich Mario Barth, der angerufen hatte, und der Comedystar ist seit dieser Zeit ein großer Freund der Arche und unserer Kinder. Als er zum ersten Mal in die Arche kam, saßen mein Stellvertreter Ralf Schneider, unser Pressesprecher Wolfgang Büscher und ich am Konferenztisch in meinem Büro. Mario Barth hatte drei Begleiter dabei. Die kleine Vanessa kam zur Tür herein und setzte sich sofort auf meinen Schoß. Sie guckte uns alle genau an, aber nach einigen Minuten wurde es ihr wohl zu langweilig und sie stand wieder auf. Zum Abschied umarmte sie mich, den anderen gab sie nur die Hand, weil sie sie nicht so gut kannte. Als sie vor Mario Barth stand, hielt sie einen Moment inne und zögerte. Dann beugte sie sich schnell vor und gab ihm einen Kuss auf die Wange. Für Vanessa war er eine vertraute Person – immerhin kannte sie ihn aus dem Fernsehen.

Für seinen ersten Besuch in der Arche waren eigentlich nur eineinhalb Stunden eingeplant. Daraus wurden dann jedoch vier Stunden. Er nahm sich für jedes Kind und auch für die Eltern lange Zeit. Hunderte Male musste er sich fotografieren lassen und unzählige Autogramme schreiben.

Weihnachten 2009 lud unser prominenter Freund und Comedian über 200 Arche-Kinder in ein Berliner Kino am Potsdamer Platz ein. Die Kids kamen aus allen vier Berliner Einrichtungen und waren völlig aus dem Häuschen. Anschließend ging es zu McDonald's in der unmittelbaren Nachbarschaft des Kinos.

Wir brauchen in unseren Archen die Unterstützung von so bodenständigen Promis wie Mario Barth, und zwar nicht nur des Geldes wegen. Diese Leute geben unseren Kindern ein Gefühl der Stärke. Die Kinder sehen, dass sich eine so bekannte Persönlichkeit für die Arche starkmacht und hilft – mit Geld, Zeit und mit Persönlichkeit. Wenn das Management von Hertha BSC die Arche-Kids zu einem Fußballspiel ins Berliner Olympiastadion einlädt, dann ist das für sie geradezu eine Auszeichnung. Wenn Günther Jauch und Mario Barth die Arche besuchen, dann erleben sie ein bisschen von dem Glanz der großen Unterhaltung. Und wenn sie im Fernsehen etwas über die Arche sehen, dann wissen sie: Wir sind nicht allein. Es gibt Menschen, die sich um uns kümmern. Deshalb spielen unsere prominenten Freunde und Botschafter eine so wichtige Rolle bei unserer Arbeit.

Auch die erfolgreiche Comedy-Frau Cindy aus Marzahn unterstützt uns immer wieder. Mehrfach trat sie bei Benefizveranstaltungen zugunsten der Arche auf. Große Hilfe erhalten wir auch von den Teilnehmern verschiedener Quizshows im Fernsehen. Wenn wir einmal unvorhergesehene finanzielle Schwierigkeiten haben, dann überrascht uns bisweilen so eine unverhoffte größere Spende. Es ist unglaublich, wie viele Menschen unser Engagement unterstützen. Ihnen sei hier ein Denkmal gesetzt.

Und dennoch muss ich gestehen: Wenn mir etwas in meinem Job Sorgen macht, dann sind es die Finanzen. Die Angst vor dem Abgrund, vor dem nicht stopfbaren Geldloch ist groß. Viele denken ja, wir seien versorgt und schwämmen dank unseres Bekanntheitsgrades in Geld. Das ist jedoch völliger Quatsch. Wenn einmal mehr Geld kommt, können wir das nicht in Rücklagen stecken, sondern müssen das (und tun es gerne) schon aus rechtlichen Gründen zeitnah zweckgebunden ausgeben. Das heißt aber: Wir leben quasi immer von der Hand in den Mund. Im Jahr 2009 hatten wir Ausgaben und Einnahmen in Höhe von über fünf Millionen Euro, 2010 werden es angesichts mehrerer neuer Archen vielleicht schon acht Millionen sein. Wir haben heute 90 Mitarbeiter, für deren Versorgung wir Verantwortung tragen. Es gibt mittlerweile bundesweit über zehn Archen, deren Betriebskosten bezahlt werden müssen. Die Angst, dass das Geld nicht in dem Umfang fließt, wie es nötig ist, ist mein ständiger Begleiter.

Grob gesagt kommen 75 Prozent unseres Budgets aus privaten Spenden, 25 Prozent von Unternehmen. Von der öffentlichen Hand erhalten wir praktisch nichts. Mittelfristig streben wir ein Verhältnis von 50 zu 50 zwischen Privatspendern und Unternehmensspendern an. Mir liegt es nicht gerade, andere um Geld zu bitten – das ging mir schon bei der Heilsarmee so, wo man mit der Sammelbüchse ausrücken musste. Zu jemandem hinzugehen mit der Bitte „Könntest du uns für dieses oder jenes Projekt Geld geben?" geht völlig gegen mein Naturell und wir haben das als Arche in dieser Form auch nie getan. Ich hatte mit einem Kollegen sogar schon einmal Streit, weil er unserer Arche-Zeitung einen Überweisungsträger beigelegt hatte. So etwas ist nicht mein Stil, und ich bat ihn, das nie wieder zu tun. Das soll in keiner Weise als Kritik an denen verstanden werden, die das tun – aber unser Weg ist das einfach nicht.

In der Regel sind die Leute, die uns unterstützen, auf uns zugekommen, nachdem sie auf irgendeine Weise über unsere Arbeit gehört hatten. Darauf können wir uns aber für eine dauerhafte Finanzierung nicht verlassen. Wir haben daher eine Stiftung eingerichtet, deren Grundstock jedoch bislang ziemlich klein geblieben ist, weil wir nie Werbung dafür gemacht haben. Außerdem haben wir angefangen, Unternehmen auf unsere Arbeit aufmerksam zu machen. Die Botschaft an die Verantwortlichen ist: „Es lohnt sich für euch, hier zu investieren. Die Kinder sind eure Angestellten von morgen." Die Botschaft an die Verantwortlichen ist: „Das könnt ihr mit eurem Geld erreichen, wenn ihr hier investiert."

Wir hatten auch manches Mal die Hoffnung, dass Kirchen auf uns zukommen und sagen: „Könnt ihr als Arche nicht in unseren Räumlichkeiten mit Sozialarbeit beginnen? Wir brauchen unsere Räume ja nur am Sonntag für den Gottesdienst und werktags für ein paar Gruppenstunden, aber ihr könntet hier den Kindern dienen." Wir benötigen ja als Arche nicht zwingend eigene Gebäude. Leider funktioniert dieses angedachte Modell mit den Kirchen bislang jedoch nicht.

Überhaupt ist unser Engagement auch von einigen Christen nicht verstanden worden. In der Anfangszeit der Arche – es muss 1997 gewesen sein – ging ich mal mit meinem Sohn einkaufen. Im Supermarkt trafen wir einen Pastorenkollegen. Der guckte mich ein wenig von oben herab an, lächelte leicht spöttisch und fragte: „Na, Bernd, machst du immer noch deine Kinderarbeit?" Es klang so, als wollte er sagen: „Wie kann man sich überhaupt um Kinder kümmern? Das bringt doch überhaupt nichts ..." Ich konnte nur bestimmt antworten: „Ja, und ich mache das auch gerne." Mein Sohn hat diese Begegnung heute noch als seine erste große Enttäuschung durch einen Christen in Erinnerung. Gut, dass es ihn nicht von seinem eigenen Weg zum christlichen Glauben abbringen konnte.

Überhaupt machen es uns die Glaubensgeschwister mit unserer Arbeit nicht immer leicht. Die einen hätten uns gerne politischer – so sollten wir etwa Stellungnahmen gegen Abtreibung herausgeben. Die anderen hätten uns gerne „frommer" und finden zum Beispiel, dass in unsere ersten drei Bücher nicht ausreichend Bibelbotschaft hineingepackt ist. Viele begreifen offenbar auch nicht, dass Artikel und Sendungen über uns nicht von uns selbst gemacht werden, sondern von unabhängigen und kritischen Journalisten. Die suchen sich eigene Schwerpunkte, und da taucht der christliche Glaube, der uns motiviert, eben manchmal gar nicht auf. Das ist auch in Ordnung so – und wir haben nicht den Drang, die Medienleute bei ihrer Arbeit in eine andere Richtung zu manipulieren. Aber nach einem TV-Auftritt oder einem Beitrag in der Zeitung bekommen wir immer wieder Briefe von Christen, in denen wir gefragt werden, warum wir nicht über Jesus gesprochen haben. Vielleicht hatten wir das ja sogar – aber den Journalisten waren andere Schwerpunkte wichtiger.

Für mich war es aber immer auch wichtig, nicht nur zu reden, sondern zu handeln. In der Bibel gibt es einen Vers, der mich immer wieder motiviert, transparent und fleißig zu sein. Da heißt es: „Ihr werdet sie an den Früchten erkennen." Natürlich glaube ich an Gott, und ich schäme mich auch nicht, darüber zu reden, aber es ist viel besser, zu *zeigen* wie großartig dieser Gott ist, und das erleben wir jeden Tag in unseren Einrichtungen. Wenn wir am Wochenende mit Arche-Kindern unterwegs sind, um einen Gottesdienst zu besuchen oder weil wir einen Ausflug mit ihnen machen, werde ich manchmal gefragt: „Kümmerst du dich jetzt auch noch am Wochenende um diese Kinder? Wann nimmst du dir eigentlich Zeit für dein eigenes Seelenheil?" Wenn ich so etwas höre, könnte ich regelrecht wütend werden. Da frage ich mich, was diese Leute eigentlich für ein Problem haben. Was haben sie überhaupt von der christlichen Botschaft verstanden? Natürlich hätte ich gegen gewisse Formen der Entlastung – gerade am Wochenende – gar nichts einzuwenden. Aber wir sind als Christen doch nicht in diese Welt gestellt, um uns um uns selbst zu drehen, während die Menschen in unserem Umfeld vor die Hunde gehen. Vielleicht machen wir mit unserer Arbeit manchen Christen auch ein schlechtes Gewissen, weil sie sehen, was möglich ist und was noch alles notwendig wäre, während sie selbst aber nichts tun. Ich glaube, auf sozialem Gebiet könnten und sollten die Christen in Deutschland deutlich mehr leisten, anstatt alles an die delegierte Nächstenliebe von Caritas und Diakonie (die eine wichtige Arbeit tun!) abzugeben.

Allerdings muss ich auch erwähnen, dass sich die Wahrnehmung in kirchlichen Kreisen langsam zu ändern scheint. Ich hatte 2009 so viele Einladungen, vor Christen zu sprechen, wie in den ganzen Jahren zuvor zusammen. Die Gemeinden wachen offensichtlich auf. Immer mehr erkennen ihre Verantwortung, die Kinder sozial schwacher Familien aus der Vergessenheit herauszuholen.

Dafür kann es viele Gründe geben. Zum Beispiel Kirchenaustritte oder die Beobachtung, dass man als christliche Gemeinde kaum über den innersten Kreis hinauswirkt. Ein Superintendent der evangelischen Kirche in Berlin forderte einmal, man müsse eine „Kirche für Außenstehende" werden. Das können wir von der Arche nur unterstreichen – und darum bemühen wir uns auch. Vielleicht ist es auch die zunehmende Berichterstattung, die das Gewissen von immer mehr Christen pochen lässt. Wir freuen uns jedenfalls, dass sich etwas zu bewegen scheint. Und eins darf auch nicht unerwähnt bleiben: Ohne die Spenden und Gebete vieler Christen in diesem Land hätte die Arche niemals den Erfolg, den sie inzwischen erreicht hat. Dafür bin ich sehr, sehr dankbar.

Wer übrigens meint, wir würden in einer säkularen Gesellschaft mit unserem christlichen Profil stark anecken und vielleicht sogar Unterstützer verprellen, den darf ich eines Besseren belehren. Tatsächlich ist es in der Regel umgekehrt. Viele Unternehmen unterstützen uns genau deshalb, weil wir Christen sind. Große Banken in Frankfurt am Main sind auf uns zugekommen und sagten: „Wir unterstützen euch, weil ihr authentisch seid und weil ihr christliche Werte vermittelt." Das haben die Banker sogar gegenüber der Kommune betont! Sie vermissen die christliche Wertevermittlung in der

Gesellschaft und finden deshalb unsere Arbeit gut. Unser Christsein ist für Unternehmen also kein Problem, sondern vielmehr ein Merkmal, das uns in ihren Augen besonders unterstützungswürdig macht. Das freut uns natürlich, denn der christliche Glaube ist tatsächlich die Triebfeder unserer Arbeit. Ich finde es gut, dass Verantwortliche in Unternehmen erkennen, was einer Gesellschaft verloren geht, wenn ihr Wertefundament bröckelt.

Wir merken das übrigens noch an anderer Stelle. In der Freien Evangelischen Schule, in die meine Kinder gehen, sind in vielen Klassen Christen die Minderheit. Viele Eltern, die selbst keiner Kirche angehören oder jedenfalls nicht viel mit der biblischen Botschaft anfangen können, schicken ihre Kinder extra in diese Schule, weil sie wollen, dass ihren Kindern Werte vermittelt werden, und das trauen sie einer christlichen Einrichtung offenbar eher zu als einer staatlichen.

Eine christliche Einrichtung zu sein bedeutet für uns allerdings nicht, dass wir unseren Besuchern unseren Glauben aufzwingen. In unserer Einrichtung wird niemand in den christlichen Glauben hineinmanipuliert. Es gibt in Glaubensdingen keinen Zwang, es darf ihn auch nicht geben. Allerdings machen wir keinen Hehl daraus, dass es die Liebe Gottes ist, die uns bewegt. Davon kommt natürlich in unserer Arbeit etwas rüber, das hoffen wir sogar.

Ich vergleiche dieses Thema gerne mit dem Kauf eines Staubsaugers. Wenn meine Frau ein neues Gerät hat, von dem sie hellauf begeistert ist – was macht sie da? Sie erzählt ihren Freundinnen davon, sie berichtet in ihrem Umfeld von den guten Erfahrungen. Keiner von uns würde das als Mission bezeichnen, obwohl es das in gewisser Weise ist. Auf die Arche bezogen heißt das: Viele von uns erzählen den Kindern von eigenen Glaubenserfahrungen, vom Ursprung und Sinn christlicher Werte, von Gottvertrauen im Alltag. Nur darf damit keinerlei Druck auf die uns Anbefohlenen ausgeübt werden. Die Erfahrung der vergangenen Jahre zeigt meiner Meinung nach, dass wir das insgesamt recht gut hinkriegen. Auffälligerweise erhalten wir immer wieder Anrufe von Leuten, die von sich sagen, sie seien aus der Kirche ausgetreten, weil sie dort nicht das gefunden hätten, was sie für erforderlich halten – und in der Arche sähen sie genau das. Deshalb unterstützen sie uns.

Die Gretchenfrage:
Wie hast du's mit der Religion?

Vielleicht fanden Sie, liebe Leserin, lieber Leser, einiges von dem, was Sie in den vorangegangenen Kapiteln gelesen haben, etwas eigenartig. Ein Jugendlicher mit einer etwas schwierigen Kindheit gerät in die Heilsarmee und spricht nach einer längeren Unterredung mit einem Jugendleiter ein inbrünstiges Gebet und er wird Christ. Manche fragen sich wahrscheinlich: „War er das nicht vorher schon? Er war doch auch schon getauft." Dahinter steht eine andere Frage: Wann ist man ein Christ? Was macht einen zum Christen? Ist es tatsächlich die Taufe? Wenn ja, was ist dann mit den vielen Getauften in diesem Land, die auf dem Papier Christen sind, aber trotz ihrer Kirchenmitgliedschaft mit dem Glauben eigentlich nichts anfangen können?

Nun, für mich begann das Ganze mit sehr viel praktischeren Fragen. Denn ich wusste als Jugendlicher bei der Heilsarmee nach meinem Schritt zum Glauben, dass ich einerseits nun Christ sein und mit ganzer Hingabe auf die Liebeszusage Gottes antworten, andererseits aber auch nicht alles aufgeben wollte, was für viele mit dem Glauben nicht vereinbar war: das Rauchen etwa oder das Trinken von Alkohol. Bei der Heilsarmee galt jedenfalls die eiserne Regel, dass man nur einer der Ihren sein konnte, wenn man sich solcher „Laster" enthielt.

Man muss dazu wissen, dass nicht jeder, der in eine Kirche der Heilsarmee geht, dort auch Mitglied wird. Mich hat man zum Beispiel nie gefragt, ich musste selbst fragen. Als ich anfing, die Heilsarmee zu besuchen, wurde ich auch nie genötigt, mein Leben zu ändern. Und doch war mir klar: Mein Lebensstil musste ein anderer werden. Ich hatte in dieser Zeit mehrere Freundschaften zu netten Mädels und war auch sonst kein Kind von Traurigkeit. Von Beziehungen, die aus Sicht meiner christlichen Freunde in Uniform fragwürdig waren, jetzt einfach Abstand zu nehmen, das fiel mir einfach schwer. Aber ich wollte damals unbedingt diese Uniform tragen. Also musste ich mir das Rauchen abgewöhnen und auch sonst an mir arbeiten. Das klappte mehr schlecht als recht, aber mit 17 Jahren wurde ich tatsächlich ganz offiziell in die Heilsarmee aufgenommen. Die Gemeinschaft sollte in den folgenden Jahren mein geistliches Zuhause sein.

Einige Jahre später bei der Beerdigung eines alten Freundes aus meiner Hamburger Gemeinde – ich arbeitete zu dieser Zeit schon in Süddeutschland als Pastor – sollte ich in meiner alten Heimat eine Trauerrede halten. Meine früheren Wegbegleiter staunten nicht schlecht. Warum ich auf einmal so gute Reden halten könnte, fragten sie mich erstaunt. Früher hätte ich die Zähne nicht auseinanderbekommen. Erst da fiel mir auf, dass mich viele der Gemeindemitglieder in meiner Jugendzeit genauestens beobachtet hatten. Das meine ich im positiven Sinn: Sie haben mit mir an meinen Schwächen gearbeitet und mir geholfen, mein Selbstbewusstsein zu stärken.

Insgesamt hatte ich für Heilsarmee-Verhältnisse doch ganz passable Voraussetzungen für eine Mitgliedschaft: Ich war ja weder Zuhälter gewesen noch alkoholabhängig oder drogenkrank. Aber die Zigaretten lachten mich auch noch an, als ich schon in Uniform steckte. Ich rauchte weiterhin, wenn auch heimlich. Überhaupt ist mir ein asketisches Lebensideal eher fremd. Ich habe eigentlich immer viele Schwächen gehabt und manche „Schwäche" kann man wohl auch Sünde nennen. Es ist leider so: Sündigen macht enorm Spaß, sonst würde man es wohl auch nicht tun. Mich tröstet, dass Jesus Christus gesagt hat: „Wer ohne Sünde ist, der werfe den ersten Stein." Damals warf keiner, und ich habe ebenfalls keinen Grund, nach einem Stein zu greifen, um ihn auf andere Sünder zu werfen.

Gibt es überhaupt eine genaue Definition von Sünde? Der eine sagt: Wenn ich eine Frau vergewaltige, dann ist das Sünde. Das sehen wohl die allermeisten so. Der andere sagt: Wenn ich mit einer Frau schlafe, die verheiratet ist, aber die mit mir schlafen will, dann ist das keine Sünde. Wirklich nicht? Klar, es ist keine Gewalt im Spiel und beide Beteiligten handeln freiwillig. Aber der Mann der verheirateten Frau wird in diesem Moment eindeutig betrogen. Ich kenne keinen Ehemann, dem das gleichgültig wäre. Ehebruch ist Sünde, und obwohl er gesellschaftlich akzeptiert scheint, leidet so manches Paar darunter, wenn es passiert. Das ist jetzt nur ein Beispiel. Aus der Bibel wissen wir jedoch: Gott hat uns als Hilfe die Zehn Gebote gegeben. Es ist nicht immer einfach, diese Gebote zu befolgen. Wir sind gerade heute vielen Verlockungen ausgesetzt, denen übrigens auch viele Christen hin und wieder erliegen, Bernd Siggelkow eingeschlossen. Wenn das auch nichts ist, worauf man stolz sein kann, so verhindert es bei mir jedenfalls, dass ich meine Mitmenschen verurteile. Ich muss Gott Rechenschaft abgeben über *mein* Leben, nicht über das Leben meiner Mitmenschen.

Jesus sagt: „Richtet nicht, damit ihr nicht gerichtet werdet." Also habe ich nicht das Recht, andere Menschen zu verurteilen für das, was sie tun. Jeder muss selbst entscheiden, ob er den Weg, den Gott für ihn gedacht hat, gehen will. Gott hindert uns ja nicht, einen anderen Weg einzuschlagen. Wir können auch sagen: „Diesen Weg wollen wir nicht gehen", und keiner würde uns daran hindern.

Ich persönlich empfinde die Zehn Gebote als eine Hilfe für mein Leben, nicht mehr und nicht weniger. Wenn ich nicht will, dass ich getötet werde, und wenn ich nicht will, dass meine Frau mich betrügt, dann werde ich selbst das anderen ebenfalls nicht antun.

Wenn ich heute ohne Gott leben würde und andere moralische und ethische Werte hätte, dann würde ich sicher manches anders machen. Vielleicht würde ich es mit der Wahrheit nicht so genau nehmen. Als Kind zum Beispiel habe ich sehr oft Süßigkeiten geklaut, weil ich dafür einfach kein Geld hatte. Erwischt worden bin ich nie. Ich habe mir damals meine eigene Lügenwelt aufgebaut, was dazu führte, dass ich nicht mehr zwischen Gerechtigkeit und Ungerechtigkeit unterscheiden konnte. Mein Leben war damals sehr kompliziert. Dank Gott und der Bibel ist es für mich einfacher geworden. Hier liegt übrigens für viele ein Problem: in dem Verhältnis von Verbindlichkeit und Freiheit, die der christliche Glaube dem Menschen ermöglicht. Klar, wenn ich das Christsein nur mit Gesetzen und Verboten in Verbindung bringen müsste, dann wollte ich auch kein Christ sein. Für mich bedeutet das Leben mit Gott eher Freiheit.

Die Zehn Gebote sind für die Menschen ein Leitfaden, wie es zum Beispiel die Straßenverkehrsordnung auch ist. Ohne eine rote Ampel würde der Verkehr heute zusammenbrechen.

Aber wie bereits an anderer Stelle erwähnt, bin ich davon überzeugt, dass man in Glaubensdingen keinen Zwang ausüben darf. Deshalb mussten meine Kinder zum Beispiel nie beten oder in die Kirche gehen, wenn sie es nicht wollten. Meine Kinder sind auch alle nicht als Baby getauft worden, weil sie meiner Überzeugung nach, wenn sie alt genug sind, selbst entscheiden sollen, ob sie das wollen. Sie sollen Gott selbst finden und erfahren. Natürlich unterstützen wir sie dabei. Alle unsere Kinder glauben an Gott. Aber nicht nur weil sie darüber etwas gehört haben, sondern weil sie ihn selbst erlebt haben.

Lassen Sie mich die eingangs gestellte recht schwierige Frage noch einmal aufgreifen: Wann ist man ein Christ? Ich weiß, dass ich hier nicht die Definitionshoheit habe. Und es liegt mir auch fern, Eintrittskarten für den Himmel zu verteilen – solche Dinge ruhen gut in Gottes Händen. Mir geht es nur darum, dass bestimmte Begriffe nicht bedeutungslos werden dürfen. Ist einer schon Christ, weil er Mitglied einer Kirche ist? Das bezweifle ich sehr. Einen Automatismus kann es in Glaubensfragen nicht geben. Und kennen Sie nicht selbst jede Menge Leute, die zu einer Kirche gehören, deren Leben aber so rein gar nichts von der christlichen Botschaft erkennen lässt? Wer in einer Garage geboren wurde, ist deshalb kein Auto – und wer in eine Kirche hineingeboren wird, ist deshalb noch lange nicht Christ.

Das Wort „Christ" ist abgeleitet von „Christus". Wenn ich mich also mit Christus identifiziere und sein Leben und Sterben für mich anerkenne, dann bin ich ein Christ, ein Nachfolger von Christus.

Für viel weniger bedeutsam halte ich die Frage, welcher Konfession man angehört. Jede Konfession hat ihre Stärken und jede hat in der Geschichte an verschiedenen Stellen und zu verschiedenen Zeiten Wesentliches bewirkt. Gerade als Mitglied einer Freikirche muss ich mir immer wieder bewusst machen, was ich dem jahrtausendealten Erbe der katholischen Kirche und dem jahrhundertealten der evangelischen zu verdanken habe.

Wir Freikirchler profitieren von dem, was uns beide großen Konfessionen sozusagen in die Wiege gelegt haben. Andererseits bin ich der Meinung, dass es die Einheit der Kirche nie geben wird, denn auch in den Kirchen „menschelt" es. Wir haben so viele verschiedene Konfessionen, weil es so viele unterschiedliche Menschen gibt. Jeder hat so sein Spektrum, für das er steht; der eine will die soziale Kirche, der andere will das Hypergeistliche. So sind wir Menschen wohl. Das sollte man aber nicht von der negativen Seite her betrachten. Sehen wir es doch mal von der sportlichen Warte her: Der eine geht in den Fußballverein, der andere zum Ballettunterricht, der Nächste geht zum Judo und andere spielen mit Begeisterung Handball. Aber alle treiben sie Sport.

Solange wir an den einen Gott glauben, spielt es für mich keine Rolle, ob wir in den Berliner Dom (evangelisch) oder den Kölner Dom (katholisch) gehen – oder in einen Saal der Heilsarmee, der nicht von einem glänzenden Altar geschmückt wird, sondern mit einer hölzernen Gebetsbank ausgestattet ist, die auch der aufsuchen darf, der von der Gesellschaft an den Rand gedrückt wurde.

Gäbe es die Arche auch, wenn ich nicht Christ geworden wäre? Wie oft habe ich mir diese Frage schon gestellt! Ohne ein Glaubensfundament würde ich heute wahrscheinlich einen anderen Beruf ausüben und ohne meinen Glauben gäbe es wohl keine Arche in Deutschland (es sei denn, ein anderer Mensch hätte diese Arbeit ins Leben gerufen). Ich erlebe täglich Dinge und Situationen, die ich ohne die feste Basis, die mein Glaube mir bietet, nicht verkraften könnte, und das gilt auch für meine Mitarbeiter. Wir stoßen jeden Tag an unsere Grenzen. Wir erleben oft, dass Familie für viele keine Insel der Sicherheit und Geborgenheit ist, und sehen täglich in die Abgründe der Gesellschaft. Vieles von dem, womit wir in unserer Arbeit konfrontiert werden, ist kaum zu verkraften, geschweige denn zu verarbeiten. Oft höre ich Geschichten – oder erlebe sie hautnah mit –, die ich mir in meinen schlimmsten Träumen nicht vorstellen könnte. Wie oft habe ich mir gesagt: „Jetzt hast du eigentlich alles gesehen oder gehört." Aber dann kommt wieder ein Tag, an dem das bislang Schlimmste noch einmal übertroffen wird.

Viele der Kinder, die ich in meiner Arbeit kennenlernen darf, haben Gewalt, manchmal auch sexuelle Gewalt erfahren. Sie sind Situationen ausgesetzt, die man sich kaum vorstellen kann. In den Archen erleben wir recht häufig, dass Kinder von den Jugendämtern aus den Familien herausgeholt werden oder herausgeholt werden müssen. Auch diese Kinder hängen an ihren Eltern, und oft ist es so, dass eine Mutter, wenn ihr Kind abgeholt werden soll, dieses an den Händen festhält, während die Polizei an dessen Füßen zieht. So etwas mit anzusehen kann einem schon das Herz zerreißen. Manchmal gibt es für diese Kinder jedoch keine Alternative. Aber wie groß muss ihr Leid sein?

Was müssen diese Kinder durchmachen? Hier sehen wir als Arche unsere besondere Stellung und Aufgabe. Wir wollen diesen Kindern Sicherheit und Geborgenheit vermitteln. Bei uns muss jedes Kind das Gefühl haben, es sei das einzige und wichtigste Individuum in unserer Einrichtung. Bei uns kann das Kind wieder Kind sein und seine Schwierigkeiten und Erlebnisse vergessen. Bei uns in den Archen sind immer Erwachsene (auch nach Feierabend), die für diese Kinder da sind.

Oft höre ich als Seelsorger dabei private Details aus dem Leben „unserer" Familien, über die ich ja aufgrund meines

166

Seelsorgegeheimnisses nicht einmal mit meiner Frau Karin sprechen darf. Dieses Seelsorgegeheimnis verlangt von uns Theologen eine besondere Verschwiegenheit. Es wird übrigens vom Staat geachtet durch ein Zeugnisverweigerungsrecht vor allen Behörden, auch vor Gericht. Oft stehe ich mit den mir anvertrauten Einzelheiten vor einem für mich fast nicht zu lösenden persönlichen Konflikt, weil unklar bleibt, ab wann und auf welche Weise ich intervenieren sollte. Diese seelsorgerlichen Gespräche eröffnen jedes Mal eine neue Baustelle, ein neues Handlungsfeld. Letztlich kann ich als gläubiger Christ manche dieser nicht zu lösenden Schwierigkeiten bei Gott lassen. Da hilft mir, wie bereits weiter oben erwähnt, mein Glaube schon sehr.

In einer unserer Archen arbeitet eine Pädagogin, die keiner Kirche angehört und auch kein gläubiger Mensch ist. Eines Tages kam sie zu mir und berichtete von einer Familie, die sie schon längere Zeit betreute. Die Eltern hatten sich schon längst aufgegeben und die Situation für ihre Kinder war völlig unerträglich. Diese Mitarbeiterin berichtete weinend über die kaum zu verarbeitenden Probleme dieser Kinder, die sie sehr in ihr Herz geschlossen hatte. Sie wusste nicht mehr weiter und bat mich, den Fall zu übernehmen. „Bernd", sagte sie, „hier bist du mit deinem Glauben stärker. Ich kann nicht mehr." Der Glaube an Gott kann einen tatsächlich stark machen, sodass man mit Problemen besser fertig wird. Man kann seine eigenen Sorgen und Schwierigkeiten und die Lasten, die man von anderen aufgebürdet bekommt, abladen. Man kann sie bei Gott lassen und wieder neu durchstarten.

So können meine Mitarbeiter und ich Menschen begleiten und an die Hand nehmen. Wir können ihr Leben möglicherweise positiv beeinflussen. Uns ist klar, dass wir nicht allen helfen können, aber da, wo wir etwas tun können, wollen wir es auch tun. Und es ist schön zu sehen, dass wir bereits die Lebenssituation vieler Kinder zum Besseren verändern konnten. Eines der ersten Kinder, die die Arche in Hellersdorf besuchten, arbeitet heute übrigens selbst als pädagogische Mitarbeiterin in einer unserer Archen. Die junge Frau möchte heute anderen helfen, im Leben zurechtzukommen, so wie ihr damals geholfen wurde.

Ich verstehe meine Arbeit, aber auch meinen Glauben, als Dienst am Menschen. Dieser Dienst am Menschen ist in meinen Augen auch ein Gottesdienst. Gottesdienst findet nicht nur in Kirchengebäuden statt. Kirche, das ist eigentlich jeder Ort auf der Erde, an dem ich, an dem wir als von Gott Beauftragte einen Dienst an den Menschen leisten.

Ich will keinesfalls anderen Menschen meinen Glauben aufdrängen. Was ich aber tun möchte, ist, anderen Menschen meinen Glauben vorzuleben. Mission hat in Deutschland ein sehr negatives Image. Viele denken, wir wollten in der Arche Kinder und ihre Eltern bekehren, bekneten oder umdrehen. Sie meinen, unsere Mitarbeiter würden versuchen, die Kinder von unserem Glauben zu überzeugen. Ich meine dagegen: Wenn wir von etwas überzeugt sind, missionieren wir schon durch unser eigenes Leben. Wenn jemand zum Beispiel davon überzeugt ist, dass es richtig ist, keine Tierprodukte zu essen, dann lebt er entsprechend. Andere werden das beobachten und fragen: „Warum bist du Vegetarier?" Und der Betroffene legt ihnen seine Ansichten und Überzeugungen dar. Nichts anderes ist für mich Mission. Ich lebe meinen Glauben und stehe gerne Rede und Antwort, wenn mich jemand danach fragt. Und ich kann die Leute nur dazu einladen, über Gott nachzudenken.

Missionieren bedeutet für mich nicht das Predigen von einer Kanzel, erst recht nicht das Predigen mit dem erhobenen Zeigefinger. Ich drohe niemandem und zwinge niemandem meinen Glauben auf. Das lehne ich entschieden ab. Aber ich habe natürlich eine Mission: Meine Mission ist es, Kinder fit zu machen für den Alltag und für das Leben, und dazu gehört es meines Erachtens auch, den Kindern Gott näherzubringen. Wenn sie vom Leben enttäuscht worden sind, wenn sie alle Hoffnung in ihrem Leben verloren haben, warum sollen sie dann nicht ihre Hoffnung in einen Gott setzen, der sie sicher nie enttäuschen wird?

Es wird wohl immer Kritiker geben, solange ich eine christliche Einrichtung leite. Aber auch sie werden feststellen: Unsere Kinder und Jugendlichen in der Arche fühlen sich frei und unterliegen keinem Zwang. Es hat noch kein Kind gegeben, das sich in Glaubensdingen bedrängt fühlte, und in unserer Mutterarche in Hellersdorf kommen weit über 90 Prozent aller Kinder aus nichtchristlichen Familien. Manchmal, wenn neue Mitarbeiter kommen, fragt das eine oder andere Kind: „Bist du ein Christ?" Wenn der Mitarbeiter dann sagt: „Nein, ich bin kein Christ", dann kann es schon mal sein, dass das Kind antwortet: „Cool, ich auch nicht." Aber es kam auch schon mal die Antwort: „Schade, ich glaube nämlich an Gott."

Ich persönlich entschuldige mich nicht dafür, dass ich Christ bin. Nur durch meinen Glauben kann ich das tun, was ich heute tue.

Glücksmomente

Wenn ich in diesem Buch von viel Stress, Problemen und Ärger berichtet habe, so darf das nicht über die vielen schönen Momente hinwegtäuschen, die meine Arbeit in der Arche bietet. Jedes Jahr zu Weihnachten besuchen beispielsweise meine Tochter Judith und ich Familien in Berlin, denen es nicht so gut geht. Diese Familien gehen nicht alle in die Berliner Archen. Wir erhalten die Adressen von Familienbetreuern oder von anderen sozialen Einrichtungen in der Stadt. Manchmal erfüllen wir gezielt die Wünsche der Kinder in diesen Familien, manchmal bringen wir ihnen auch nur etwas mit, wovon wir meinen, dass es der Familie helfen wird, wie zum Beispiel Lebensmittelpakete.

Vor einigen Jahren waren wir an Heiligabend in zwei Berliner Bezirken unterwegs, in denen viele sozial benachteiligte Familien leben. Oben auf der Liste derjenigen, die wir besuchen wollten, stand eine muslimische Familie.

Wir fuhren durch eine schmale Straße auf der Suche nach einem Parkplatz. Die grauen Mehrfamilienhäuser schirmten das Sonnenlicht fast komplett ab. Obwohl es erst 11:00 Uhr am Vormittag war, schien es uns, als ob die Sonne sich schon verabschiedet hätte. Wir öffneten die Türen des Arche-Busses, den wir für solche Gelegenheiten von einem Sponsor geschenkt bekommen haben. Ich stieg aus und schaute mich um. Ein eisiger Wind wehte; ohne Mütze und Handschuhe hätte man es draußen nicht lange ausgehalten. Ich blickte an der Hausfassade hoch und sah ein hell erleuchtetes Fenster, an dem sich vier Mädchen die Nasen platt drückten. Sie hatten sich nach der Körpergröße aufgestellt – wie die Orgelpfeifen. Man sah, dass sie Geschwister waren. Die Mädels erblickten uns und winkten uns zu. Sie hatten das bunte Logo der Arche auf dem Wagen sofort erkannt. Ich zeigte mit dem Finger auf die Geschenke, die wir ihnen brachten. An der Haustür angekommen, hörten wir schon den Türsummer. Wir liefen die Treppe hoch und die Kinder kamen uns entgegen. Sie waren sehr aufgeregt. In der engen Wohnung, in der es nach Essen roch, begrüßte uns die Mutter der Kinder. Sie erzählte von ihrem Leid. Weder sie noch ihr Mann hatten einen Job und sie lebten von der Hand in den Mund. Für Weihnachtsgeschenke reichte das Geld nicht. Nun feiert man im Islam ohnehin kein Weihnachten, aber die Kinder von muslimischen Familien bekommen natürlich mit, wenn es für ihre Freunde und Klassenkameraden Geschenke gibt. Das erleben wir jedes Jahr aufs Neue. Die Kinder strahlten an diesem Mittag um die Wette, und so etwas zu sehen macht allen Ärger, dem man in unserer Arbeit manchmal ausgesetzt ist, wieder wett.

Nach diesem Besuch machten Judith und ich uns auf den Weg zur nächsten Familie. Dort angekommen, wurden wir in eine sehr ordentliche Wohnung eingelassen. Die Mutter zweier Kinder sah müde und traurig aus. Das Telefon klingelte und die ältere der beiden Töchter nahm den Hörer ab. „Hallo, Papa", hörte ich sie sagen. Sie wirkte sehr aufgeregt. Der Vater lebte wohl nicht mehr mit seiner Familie zusammen. Ich hörte die laute Stimme am anderen Ende der Leitung sagen: „Holt schon mal den Kuchen aus dem Kühlschrank, ich bin in einer Stunde bei euch."

Die Mutter schaute mich traurig an. Ihr Kühlschrank sei leer, erklärte die junge Frau mir. Sie wisse nicht, was sie ihrer Familie zu Weihnachten auf den Tisch stellen solle. Für solche Fälle hatten wir vorgesorgt. Ich holte zwei Lebensmitteltüten aus dem Wagen und gab sie ihr. Dazu Geschenke für die beiden Mädchen. Die Frau weinte. Eine der Tüten wollte sie zu ihren Eltern bringen. Sie müssten mit gerade einmal 200 Euro im Monat auskommen, erklärte sie mir. Die Eltern hatten ein Leben lang hart geschuftet und fristen heute ein sehr karges Dasein. Altersarmut wird uns neben der Kinderarmut in Deutschland zukünftig immer mehr beschäftigen – leider.

Bei Hausbesuchen wie diesen sieht man die wahre Not der Menschen, denn man hat Einblick in das „Innerste" ihres Lebens. Es gibt inzwischen Millionen von Menschen in Deutschland, die Hunger aus eigener Anschauung kennen. Und es werden immer mehr. Mit unseren Geschenktüten können wir nur vereinzelt und auch dann nur für einen kurzen Moment Freude vermitteln, aber sie sind natürlich keine Lösung. Da nützen auch die harten Diskussionen über Hartz IV und seine Folgen wenig. Unzählige Menschen wollen arbeiten, finden aber einfach keinen Job. Sind diese Menschen weniger wert als der arbeitende Teil der Bevölkerung? Mit Sicherheit nicht! Wir dürfen keine Zweiklassengesellschaft werden. Und als Arche werden wir immer auf die Missstände in unserer Gesellschaft hinweisen. Wir werden weiter tun, was in unserer Macht steht – in der Arche und bei unseren Hausbesuchen.

Zu erleben, dass man im Leben von anderen Menschen etwas zum Guten hin bewirkt, gehört zu den glücklichsten Erfahrungen in meiner Arbeit. Wenn ich zum Beispiel in den Speiseraum der Arche in Hellersdorf gehe oder auch nur mein Büro verlasse, dann kommen viele der Kinder auf mich zu und fallen mir um den Hals. Sie wollen mir einfach nur das Neueste aus ihrem Leben erzählen. Zu Hause hörte man ihnen oft nicht zu. Manchmal erzählen sie mir auch von neuen Vätern, die zu ihnen und ihrer Mutter gezogen sind. Oft aber höre ich Geschichten aus ihrer Schule. Gerade jetzt, wo ich aufgrund meiner vielen Aufgaben nicht mehr ganz so viel Zeit mit den Kindern der Arche verbringen kann, sind mir diese Begegnungen sehr wichtig.

Wie bereits erwähnt, haben sich meine Arbeitsschwerpunkte allerdings stark verändert. Wir haben heute rund 90 Mitarbeiter an über zehn Standorten, da gibt es viel zu klären, zu entscheiden und zu planen. Und auch die Gespräche mit unseren Unterstützern sind ja sehr wichtig. Ein wesentlicher Teil meiner Aktivitäten ist zudem die Pressearbeit. Denn wir wollen den Finger in die Wunden legen und deutlich machen, dass es so nicht weitergeht.

Übrigens gibt es auch in den Begegnungen mit den Journalisten immer wieder lustige Ereignisse. Einmal stellte mich ein Mädchen einem Redakteur einer Zeitung vor: „Das ist Bernd, der Besitzer der Arche und mein Freund." Das Kind strahlte mich dabei an. Ein anderes Mal kam ein Junge zu mir, als ich gerade ein Interview gab. Das störte ihn herzlich wenig; er platzte mitten in das Gespräch. „Bernd, hast du mal 20 Cent für ein Eis?" Ich gab ihm das Geld. Der kleine Mann grinste den Redakteur an und sagte: „Das ist Bernd, mein Bankautomat." So kann man es auch sehen.

Zu den Glücksmomenten unserer Arbeit gehört auch jedes Mal die Eröffnung einer neuen Arche. Denn das bedeutet, dass weiteren Kindern geholfen werden kann.

Im September 2009 haben wir auch in der Schweiz eine kleine Arche eröffnet. Zum ersten Mal haben wir also auch den Schritt über die Grenze unseres Landes gewagt. Die Leiterin hat vorher einige Jahre in der Arche in Hellersdorf gearbeitet. Einige der Schweizer Mitarbeiter wollten damals nicht, dass ich die Eröffnungsparty für die Kinder moderierte. Auf Umwegen erfuhr ich auch den Grund. Jemand erklärte mir: „Ihr Deutschen sprecht so schnell, das können wir Schweizer nicht verstehen." Ich versuchte es dennoch und das Ganze lief dann doch auch sehr gut. 74 Kinder waren am ersten Tag in der neuen Einrichtung.

Am nächsten Morgen musste ich schon früh wieder zurück nach Berlin. Nachmittags rief mich eine Mitarbeiterin aus der Schweiz an und erzählte mir, die Kinder hätten sie am Vormittag ständig gefragt: „Wann kommt denn der lustige deutsche Mann wieder?" Ich nahm das als Kompliment und freute mich.

Ich hoffe, dass wir die Möglichkeit haben, noch weitere Archen zu eröffnen. Zum Beispiel in Meißen …

Anfang August 2002 lösten starke Regenfälle im Erzgebirge und Riesengebirge schwere Überschwemmungen und verheerende Schlammlawinen aus. In Teilen dieser Region fiel am 12. und 13. August die höchste Niederschlagsmenge, die je in Deutschland gemessen wurde. Brücken wurden von den Wassermassen weggerissen, Straßen wurden unterspült, Häuser überflutet und schwer beschädigt. Die Strom- und Telefonversorgung brach zusammen, ganze Dörfer musste man evakuieren oder sie waren von der Außenwelt abgeschnitten. In der Region herrschte Ausnahmezustand. Davon hörten wir auch in der Arche. Die Fernsehsender berichteten immerhin fast 24 Stunden am Tag live von den verschiedenen Brennpunkten der Katastrophe.

Einige unserer Kinder kamen zu mir und fragten mich, ob sie nicht helfen könnten. Das berührte mich sehr. Die Kids legten Zehn- oder Zwanzig-Cent-Münzen – oft das Einzige, was sie besaßen – in eine Sammeldose, um es den Kindern aus den betroffenen Regionen zu spenden. „Denen geht es viel schlechter als uns, Bernd, da müssen wir helfen", sagte einer unserer kleineren Besucher zu mir. So kamen ganz schnell zwanzig oder dreißig Euro zusammen.

Doch wie konnte man vor Ort helfen, ohne den Rettern auf den Füßen zu stehen und sie womöglich noch bei der Arbeit zu behindern? Ich rief bei den Behörden in Dresden an und fragte, ob wir irgendetwas tun könnten. In der sächsischen Landeshauptstadt gab es keinen Bedarf, aber man gab mir eine Telefonnummer in Meißen. Dort könne man jede Hilfe gebrauchen. Die Verpflegung der Helfer dort sei noch nicht geregelt. In weiten Teilen der Stadt gab es keinen Strom, und so war es sehr schwer, an warmes Essen zu kommen.

Wir hatten guten Kontakt zu der Heilsarmee in Meißen und gemeinsam mit dieser Kirche planten wir eine Aktion. Ich redete mit meiner Frau Karin, die damals noch ganz alleine täglich für rund 200 Kinder kochte, und bat sie, noch eine Kelle draufzulegen und 300 Essen zusätzlich zu kochen, was sie auch tat.

Zusammen mit einigen Jugendlichen bestieg ich wenige Stunden später unser Wohnmobil und los ging es in Richtung Meißen.

Wir verteilten abends unter den Helfern das Essen und die Getränke und halfen nach bester Möglichkeit, andere, kleinere Probleme zu beheben. Gegen 22:00 Uhr fuhren wir die 200 Kilometer zurück nach Berlin. Wir schliefen ein paar Stunden, brachten einen normalen – nicht wenig anstrengenden – Arche-Tag hinter uns und abends ging's wieder auf die Autobahn nach Meißen. Diese Doppelbelastung hielten wir eine ganze Woche lang durch.

Dann ging Gott sei Dank auch in Meißen alles wieder seinen gewohnten Gang. Nach dieser Woche waren wir einfach nur geschafft. Auch meine Frau hatte Unglaubliches geleistet: Eine Woche lang hatte sie für rund 500 Personen gekocht.

Wir schlossen in Meißen wunderbare Freundschaften, und das war die viele Mehrarbeit auch wert. In Absprache mit der Stadt feierten wir am 31. Oktober 2002 in der Stadt ein großes Fest für die vielen Helfer und ihre Familien. Bis heute veranstaltet die Arche einmal im Jahr in Meißen eine große Kinderparty.

Seit der Katastrophe im Jahre 2002 wünsche ich mir eine Arche in der Stadt des Porzellans. Damals existierte nur eine Arche. *Wenn es einmal eine zweite geben sollte, dann müsste sie in Meißen stehen,* so dachte ich damals. Doch es kam dann doch ganz anders. Wir fanden keinen Sponsoren, der mit uns dorthin wollte.

Im Januar 2010 sprach ich dann aber mit der „McDonald's-Kinderhilfe-Stiftung" in München. Mit dieser Stiftung haben wir ja sehr gute Erfahrungen gesammelt. Sie hat sich stark in unsere Potsdamer Arche eingebracht. Mit dem Vorstandsvorsitzenden der Stiftung, Manfred Welzel, und dem Vorsitzenden des Stiftungsrates, Ulrich Bissinger, verbindet uns nicht nur das gemeinsame Anliegen, Kinder in Deutschland zu fördern, sondern auch eine unkomplizierte und freundschaftliche Art der Zusammenarbeit. Nach einem Gespräch mit dem Oberbürgermeister von Meißen, Olaf Raschke, das sehr positiv verlief, werden wir nun doch baldmöglichst in seiner Stadt eine Arche eröffnen. So schließt sich der Kreis. Archen sollte es eigentlich in allen Städten und Regionen in Deutschland geben. In dieser Hinsicht stehen wir mit unserer Arbeit wohl erst am Anfang.

Als Arche haben wir in den vergangenen Jahren einige Ehrungen und Auszeichnungen bekommen: das Bundesverdienstkreuz, den Verdienstorden des Landes Berlin, die Carl-von-Ossietzky-Medaille der Internationalen Liga für Menschenrechte und viele mehr. Darüber freue ich mich natürlich. Bei den staatlichen Auszeichnungen bin ich aber immer auch ein bisschen kritisch geblieben. Ich frage mich jedes Mal: *Warum bekomme ich diese Auszeichnung? Schließ-*

lich erhalten wir ja „noch" keine staatliche Unterstützung, die wir aber eigentlich dringend bräuchten. Werde ich für das ausgezeichnet, was ich hier leiste – oder erhoffen sich die Auszeichnenden, dass ich nach der Ehrung weniger Unruhe stifte? Andererseits hat diese Anerkennung eine größere Bedeutung nicht nur für mich, sondern auch für die Kinder. Sie finden nämlich durch diese Ehrungen Beachtung. Wenn man die Geschichte der Arche betrachtet, dann weiß man: Das war nicht immer so.

Eine Flotte von Archen

Immer wieder werde ich gefragt: „Wie viele Archen wollt ihr denn noch eröffnen?"

Meine Antwort lautet dann immer: Das liegt nicht in meiner Hand. Für eine neue Arche in einer uns fremden Stadt brauchen wir Hilfe von Unternehmen, Kommunen, Stiftungen oder auch von einzelnen Menschen, die in der jeweiligen Stadt leben. Die Arche ist kein Reißbrettprojekt, und so weiß ich auch heute noch nicht, was morgen passieren wird. Aber die Jahre 2006 bis 2010 vergingen wie im Rausch. Es passierte viel in relativ kurzer Zeit.

Unser viertes Kinderhaus eröffneten wir im September 2006 in München. Die Stiftung „Tribute to Bambi" nahm zum ersten Mal Kontakt zu uns auf. Diese Stiftung ist eine Initiative des Bunte-Entertainment-Verlags. Jedes Jahr sammeln zahlreiche Prominente unter der Führung von Bunte-Chefredakteurin Patricia Riekel Geld, um unterschiedliche soziale Projekte zu fördern. In München trafen wir erstmals auf diese sehr erfolgreiche Initiative, die dann später unsere Häuser in Potsdam und Düsseldorf finanziell unterstützte.

In der bayerischen Landeshauptstadt fanden wir auch große Unterstützung bei den Kommunalpolitikern. Die Stadt stellte uns ein Grundstück und kurze Zeit später auch einen Containerbau zur Verfügung. Darüber freuten wir uns natürlich sehr. Zur Eröffnung zeigten sich viele bekannte Gesichter aus der Münchner Schickeriaszene. Sehr schnell kamen wir mit der Unternehmerin Elke Volk in Kontakt, die schließlich auch Botschafterin der Arche wurde. Bis heute haben wir in München eine unverstellbar große Unterstützung von allen Seiten der Bevölkerung.

Vor allem der Münchner Unternehmer Peter Alexander Wacker greift uns finanziell gewaltig unter die Arme. Im Sommer 2010 bauten wir mit seiner Unterstützung die Jugendarbeit weiter aus. Hier mussten wir unseren Containerbau erweitern, um dem ständigen Ansturm der Teenager standhalten zu können. In der Umgebung der Arche in München-Moosach leben viele Jugendliche, die immer wieder mit dem Gesetz in Konflikt geraten. Eine große Anzahl von ihnen kommt schon seit längerer Zeit zu uns in die Arche. Wir haben mit unserem verantwortlichen Pädagogen dort einen Mann, der einen hervorragenden Kontakt gerade zu den besonders schwierigen Besuchern aufgebaut hat. Ihm vertrauen die Jugendlichen, die sonst nur auf der Straße herumhängen könnten, weil sie in vielen anderen Einrichtungen Hausverbot haben. Die Polizei hat gegenüber einer Münchner Zeitung die Erfolge der Arche bestätigt. Seitdem es sie gibt, sind immer weniger Kids kriminell organisiert.

Nach der Eröffnung der Münchener Arche ging es Schlag auf Schlag. Am 1. September 2008 startete die Arche in Potsdam mit ihrer Arbeit. Mit der Hilfe von Günter Jauch, „Tribute To Bambi" und der „McDonald's Kinderhilfe Stiftung" schafften wir es schon ein Jahr später, ein eigenes Haus zu bauen. In Potsdam sind aber viele weitere Unterstützer und Helfer mit im Boot, ohne deren Hilfe wir den Betrieb der Arche kaum aufrechterhalten könnten. Dann kamen zwei weitere Häuser in Berlin dazu, in den Stadtteilen Wedding und Reinickendorf. Es folgten Häuser in Frankfurt am Main, in Düsseldorf und in Köln.

Wir brauchen in allen diesen Städten die Hilfe und Unterstützung der Menschen, die dort leben. Fast alle Kinder, die in die Archen kommen, gingen vorher kaum in andere Kinder- und Jugendeinrichtungen. Diese Erfahrungen sammeln wir in allen Regionen. Die Kinder kommen zu uns, weil unsere Angebote sehr niedrigschwellig sind. Jedes Kind kann uns besuchen, es gibt keine Formulare und nichts kostet die Familien Geld. Natürlich arbeiten wir mit den jeweiligen sozialen Netzwerken eng zusammen. Wir drängen uns nirgendwo auf. Wir gehen nur dann an einen weiteren Standort, wenn uns dort auch jemand will und unterstützt. Aus eigenen Kräften könnten wir das nicht schaffen.

Leider hören wir immer wieder, die Arche brauche doch keine fremde Hilfe mehr, die komme jetzt alleine klar. Das ist blanker Unsinn, wie ich bereits dargelegt habe. Wir stecken jeden Cent, den wir bekommen, unmittelbar in die Arbeit mit den Kindern. Eine Spende an die Arche bedeutet eine sofortige Hilfe für die Kinder in unserem Land. Seit 2008 gibt es auch eine Arche-Kinderstiftung. Hier haben sich Persönlichkeiten zusammengetan, die die Arbeit der Archen langfristig sichern wollen. Wir müssen auch an die Zukunft der Kinder in Deutschland denken. Damit sind wir hoffentlich auf einem guten Weg.

Ich denke immer wieder zurück an die Anfänge meiner Arbeit und daran, wie schwer es damals war. Heute bin ich dankbar für die wirklich vielen Hilfen aus allen Teilen der Bevölkerung. Mit dieser Einstellung der Menschen in unserem Land sehe ich sehr positiv in die Zukunft. Viele schwache Menschen können sich nicht aus eigener Kraft helfen. Ich kenne unzählige Mütter und Väter, die sich Woche für Woche bewerben und die doch immer wieder durch formlose Absagen enttäuscht werden. Es gibt viel zu wenig Jobs und Arbeitsplätze in unserem Land. Die Arbeitsagenturen dürfen sich nicht daran gewöhnen, die Arbeitslosigkeit nur noch zu verwalten. Das Selbstbewusstsein der Menschen ohne Arbeit sinkt von Monat zu Monat. Sie fühlen sich häufig wie Aussätzige.

Ich kenne nur wenige Menschen, die tatsächlich zu faul sind zu arbeiten. Die meisten wollen gerne wieder in einen Beruf, können aber nicht, weil sie keine Chance bekommen – wodurch wiederum ihr Selbstvertrauen mehr und mehr schrumpft. Und irgendwann trauen sie sich nicht mehr zu, noch einmal einen neuen Arbeitsplatz anzunehmen. Die Hoffnungs- und Perspektivlosigkeit, die ihr Leben prägt, vermitteln diese Leute dann ihren Kindern weiter. Der Kreislauf beginnt so von vorne.

Solange es diese Familien in ihren ausweglosen Situationen gibt, werde ich versuchen, ihren Kindern zu helfen. Manchmal geht das fast über meine Kräfte. Oft ärgere ich mich, wenn mal wieder ein Politiker den Hartz-IV-Familien Faulheit unterstellt. Dann merke ich: Diese Person war noch nie in einer unserer Familien. 45 Prozent des Bundeshaushalts in Deutschland gehen für Sozialausgaben drauf – das ist Fakt. In der Tat, das ist viel Geld, und in klammen Zeiten ist die Versuchung groß, diesen Topf zu verkleinern. Wir müssen aber versuchen, nicht *auf Kosten* der betroffenen Menschen aus dieser Situation zu kommen – sondern *mit* ihnen.

Die Lösung ist im Prinzip einfach, kostet allerdings am Anfang Geld: Wir müssen mit zusätzlichen Sozialarbeitern und Lehrern den Kindern wieder eine solide Grundlage vermitteln, denn viele Eltern schaffen das nicht alleine. Bildung kostet zu viel Geld, aber Bildung ist auch ein Grundstock für die Kinder, um später ihr eigenes Geld zu verdienen. Die Erfahrung hat mich gelehrt, dass es nur diesen einen Weg gibt. Und wenn wir dann den Kindern als erwachsene Freunde zur Verfügung stehen und lernen, ihnen auch zuzuhören, dann hat unser Land schon gewonnen. Denn Kinder sind ein viel entscheidenderes Kapital für ein Land und seine Zukunft, als der schnelle Erfolg und der materielle Gewinn es sind. Erfolg haben wir in Deutschland nur dann, wenn wir so viele Menschen wie möglich an dem Erfolg teilhaben lassen. Denn nur dann wird unsere Volkswirtschaft wieder genesen. Das lehrt uns schon der gesunde Menschenverstand. Das immer stärkere Aufspreizen der Gesellschaft zwischen Reich und Arm, Teilhabenden und an den Rand Gedrückten, Gewinnern und Verlierern wird dieses Land – auch wirtschaftlich – mittelfristig kaputt machen.

Aus den Anfängen der Arche als Anlaufstelle für Kinder aus sozial schwachen Familien haben sich viele Arbeitszweige entwickelt. Angefangen bei der warmen Mahlzeit für die jungen Besucher geht es weiter über die Hausaufgabenhilfe bis hin zu Freizeitaktivitäten. Wir unterstützen Eltern dabei, ihr Leben besser in den Griff zu kriegen.

Der Trend zur Ganztagsschule beschert ein neues Problem, weil es dort wenig überzeugende Konzepte für die Freizeitpädagogik gibt. Es darf sich nicht dahin entwickeln, dass die Kinder dort nur „aufbewahrt" oder „betreut" werden. Sie müssen dort Bildung verknüpft mit Lebensfreude erleben. Wir wollen deshalb die Schulen unterstützen und auch Vereine und Kirchen ermutigen, sich mit Angeboten in den Ganztagsschulen zu engagieren. Hier ist noch viel Raum für Ehrenamtliche. Glücklicherweise gibt es auch viele Menschen, die sich ehrenamtlich engagieren wollen. In Frankfurt hatten sich in unserer Arche 300 Menschen für die ehrenamtliche Mitarbeit gemeldet, 30 konnten wir nehmen. Es ermutigt uns ungemein, wie viele Bürger bereit sind, für einen guten Zweck mitzumachen.

Das kostenlose Mittagessen in der Schule bleibt eine Dauerforderung von mir. Reine finanzielle Transferleistungen kommen in den sozial schwachen Familien leider nur selten den Kindern zugute. Hier sind andere Modelle hilfreicher: Gutscheine, kostenloser Musikunterricht, freier Eintritt in Museen, die Gratis-Monatskarte für den öffentlichen Nahverkehr. Kinder sind nicht doof. Wenn sie merken, dass sie in einer Zweiklassengesellschaft leben, dass sie aber zur zweiten Klasse gehören und auch keine Chance haben aufzusteigen – dann werden sie früher oder später dagegen rebellieren. Man muss hier keine Horrorszenarien an die Wand malen, sollte aber der Realität ins Auge blicken. In Frankreich zünden Jugendliche aus diesem Milieu Autos an, andernorts schlagen sie Fenster ein. Die Situation könnte sich in den nächsten Jahren auch bei uns zuspitzen, wenn wir es nicht schaffen, den Trend zu Verarmung und Verwahrlosung umzukehren.

Der Frust unter den jungen Leuten ist groß. Er zeigt bereits viele Folgen. Auch Flatratesaufen hat beispielsweise etwas mit Kinderarmut zu tun. In Berlin-Hellersdorf gibt es einen unbändigen Hass gegen Ausländer, weil die angeblich den Deutschen die Arbeit wegnehmen. Tatsache ist aber: Hier wohnen fast keine Ausländer. Die Jugendlichen wissen überhaupt nicht, wie unschlüssig ihre Argumentation ist. Bei dem, was an unkontrollierten Emotionen hochkocht, könnte man es aber tatsächlich mit der Angst zu tun kriegen. Auch die Wahlerfolge extremer Parteien sind eine gewisse Form von „Unruhen" – sie können zumindest als Vorboten gedeutet werden.

Wir dürfen Kinder aus sozial schwachen Familien nicht weiter aus der Gesellschaft ausgrenzen. Das fängt schon bei kleinen Dingen an: zum Beispiel bei Schulausflügen, an denen viele Arche-Kinder nicht teilnehmen können, weil sie einfach zu teuer sind. Selbst fünf Euro für einen Tagesausflug sind für manche Familien zu viel. Die einzige Alternative für sie ist, dass sie ihre Kinder für den Tag krankschreiben. Dabei sehnen sich die jungen Leute durchaus nach interessanten Angeboten. Wir laden manchmal Schulklassen für einen Vormittag in die Arche ein. Man kann darauf wetten, dass von den jungen Besuchern in den darauffolgenden Tagen jeder zweite noch mal bei uns aufkreuzt, weil ihm unsere Freizeitmöglichkeiten gefallen. Und hier wird eben nicht nur rumgehangen, hier werden die Kinder gefördert und herausgefordert, etwas zu tun.

Im ersten Kapitel dieses Buchs habe ich geschrieben: Der Misserfolg unserer Gesellschaft ist der gesellschaftliche Erfolg der Arche. Die derzeitige Situation in Deutschland lässt befürchten, dass es mit Misserfolgen weitergeht. Uns erreichen immer mehr Hilferufe aus den verschiedensten Städten. Man will sich nicht mehr mit der Verwahrlosung ganzer Bevölkerungsteile abfinden und sieht gleichzeitig, dass die Politik das Problem nicht anpackt. Den Verantwortlichen in Kommunen, Ländern und im Bundestag in den Ohren liegen ist das eine. Wir ermutigen ausdrücklich dazu. Doch die vernachlässigten Kinder können nicht länger warten. Während sich Mandatsträger in Wahlkämpfen gegenseitig Versagen vorwerfen, erleidet schon die nächste Generation in Plattenbausiedlungen und Sozialwohnungsgettos Schiffbruch. Deshalb rechnen wir in den nächsten Jahren mit einem Ausbau unserer Arbeit, mit einer ganzen Flotte von Archen. Und ich bin persönlich dankbar für jeden, der meine Vision teilt und unterstützt, Deutschlands vergessenen Kindern eine Perspektive für ihr Leben zu geben.

Prominente über Bernd Siggelkow und die Arbeit der Arche

Birgit Schrowange

Es gehört Mut dazu, in einer Gesellschaft, in der der Begriff „Gutmensch" zum Schimpfwort gemacht wurde, ein guter Mensch zu sein. Bernd Siggelkow traut es sich trotzdem. Was mich an ihm sofort beeindruckt hat, war, dass er dabei so gar nichts von einem kühlen Kalkulierer hat – er kann nicht anders sein. In seinem Büro im Erdgeschoss der Arche in Berlin-Hellersdorf hat er eine Glastür, es kann jeder immer hineinsehen, und das ist ein schönes Bild dafür, wie ich ihn erlebe:

Wann immer man mit Bernd Siggelkow ins Gespräch kommt, gerät man ganz schnell an einen Punkt, an dem man sich aufregt, ehrlich aufgebracht ist über die Situation armer Kinder in unserem reichen Land. Er wirkt auch nach 15 Jahren öffentlichem Kampf gegen diese Ungerechtigkeit noch immer so entsetzt, als hätte er erst gestern das erste Kind von der Straße an den eigenen Küchentisch geholt. Und ich bin ganz sicher, dass Bernd Siggelkow das auch noch immer genau so empfindet. Er ist kein bisschen abgeklärt, er lässt andere in sein Herz sehen wie durch die Glastür in sein Büro, und das macht sein Charisma aus. Das reißt mit.

Ich erinnere mich noch genau an den ersten Beitrag über die Arche, der in meiner Sendung EXTRA lief: Wir sahen Familien, denen es am Nötigsten fehlte. Kinder, die aus Kartons lebten, weil die Eltern nicht einmal Geld für Schränke aufbringen konnten. Wir sahen Vernachlässigung, wie sie nur vorkommt, wenn Menschen keine Perspektive mehr für ihr Leben sehen. Aber was mir als Mutter am heftigsten an die Nieren ging, waren die Szenen aus dem Speisesaal der Arche: Hier mäkelte kein Kind am Essen, weil es nicht von Mama gekocht war, hier stocherte niemand lustlos im Gemüse rum – diese Kinder hauten rein, denn sie waren einfach hungrig. Dieser Beitrag ging allen Kolleginnen und Kollegen unter die Haut. Bis dahin dachten wir beim Stichwort „Kinderarmut" an Indien oder Afrika, aber doch nicht an Berlin, nicht unsere Überflussgesellschaft. Bernd Siggelkow hat den armen Kindern in Deutschland eine Stimme und ein Gesicht gegeben.

Durch unsere Gesellschaft verläuft eine Grenze. Auf der einen Seite leben Kinder – wie mein Sohn auch – im Überfluss. Sie werden optimal gefördert und haben alles, sicher auch manchmal mehr, als sie brauchen, denn Eltern lieben ihre Kinder und wollen immer das Beste für sie. Auf der anderen Seite leben Kinder in prekären Verhältnissen und drücken sich die Nase an Schaufenstern platt. Auch sie haben Eltern, die sie lieben und die sicher auch das Beste wollen, aber an den Umständen scheitern.

Diese Grenze wurde viele Jahre lang ignoriert. Bernd Siggelkow hat dazu beigetragen, sie nicht nur sichtbar, sondern auch etwas durchlässiger zu machen. Natürlich ist er dadurch auch selbst zu einer öffentlichen Person geworden. Man erkennt ihn, er ist als Interviewpartner in allen Medien präsent, doch persönliche Eitelkeit ist ihm fremd. Auf der Spendengala, auf der ich ihn zum ersten Mal traf, war er der, der keinen teuren eleganten Abendanzug trug.

Wenn Bernd Siggelkow Gutes tut und darüber spricht, dann nur aus einem Grund: Er will andere motivieren, ihm dabei zu helfen, noch mehr Gutes zu tun. Ansonsten bleibt er immer, wie er ist: der Mann, der von „seinen" Kindern „Bernd das Brot" gerufen wird und es schafft, mit zwei Armen ein Dutzend Kinder zu halten. Er wirkt dabei mehr wie ein Vater als wie ein „Betreuer": Körperkontakt ist bei ihm und in der Arche erlaubt und wichtig, denn Kinder holen sich, was sie brauchen. Viele Arche-Kinder brauchen Nähe und eine Vaterfigur, denn an beidem fehlt es oft zu Hause. Ein afrikanisches Sprichwort sagt, dass es nur zwei Menschen braucht, um ein Kind zu zeugen, aber ein ganzes Dorf, um ein Kind zu erziehen. Die Häuser des Kinderhilfswerks Arche sind solche „Dörfer", und wir brauchen sie dringend in einer Zeit, in der es immer weniger intakte Familien gibt.

Bernd Siggelkows eigene Lebensgeschichte zeigt, was trotz widriger Umstände und schwieriger Familienverhältnisse aus einem Kind werden kann: ein guter Mensch.

Erdoğan Atalay

Es ist so weit: Im Haus einer Bankfiliale in Berlin wird heute zu einer Versteigerung geladen, deren Erlös dem Kinder- und Jugendhilfswerk Arche zugutekommt. Und ich bin mit dabei. Neben Bildern und Statuen von Künstlern, die versteigert werden sollen, gibt es auch eine Verlosung. Den Hauptpreis dafür habe ich mit im Gepäck: einen Auftritt in der Serie „Alarm für Cobra 11", in der ich ja eine der beiden Hauptrollen spiele.

Die Dame, die das Gewinnerlos zieht, ruft ihren Preis noch einmal zur Versteigerung aus, und so kommen ein paar zusätzliche Tausend Euro zusammen. Und das alles für die Organisation, die Bernd Siggelkow vor fast 15 Jahren ins Leben gerufen hat: die Arche.

Als ich zum ersten Mal zur Arche nach Berlin kam, um mir ein Bild über die Struktur dieses Vereins zu machen, war ich überrascht, mit welcher Hingabe und Normalität jedes einzelne Kind behandelt wird. Es ist völlig normal, dass man in die Hocke geht, um ein Kind, das ein Anliegen hat, zu begrüßen und ihm auf Augenhöhe zu begegnen. Es ist Bernd und seinen vielen Mitarbeitern zu verdanken, dass die Kinder in dieser Einrichtung das finden, was ihnen sicher des Öfteren verwehrt bleibt: Aufmerksamkeit. Ich wusste vorher zwar schon, wer Bernd war und was er aufgebaut hat, aber ich hatte ihn mir bislang als einen ruhenden Pol vorgestellt, der als Pfarrer die Geschicke seines Vereins lenkt und der vielleicht sogar ein bisschen vergeistigt ist. Als ich dann in die Kantine der Arche kam, wurde mir sehr schnell klar, dass er etwas hat, das ich erst noch lernen muss: Mitgefühl ohne Sentimentalität. Bernd setzt klare Grenzen für jeden, der die Arche betritt, und sagt den Erwachsenen, die ebenso kommen wie Kinder, klar und ohne Umschweife seine Meinung, zum Beispiel wenn sie sich selbst bemitleiden oder von anderen bemitleidet werden wollen. Fast immer bietet er auch einen Lösungsansatz an. Man muss eine Menge Kraft und Überzeugung haben, sich Tag für Tag mit den Schicksalen eines jeden auseinandersetzen zu können, ohne dabei das große Ganze aus den Augen zu verlieren, aber genau das kann er.

Bernd ist keine Person im Hintergrund, er ist mittendrin und dabei, er kennt die Menschen und ihre Situationen, er weiß sehr genau, wovon er spricht, wenn es um die Armut in Deutschland geht. Die Arche braucht Geld für die Kinder, die betreut werden müssen, und so pendelt er ständig zwischen den Menschen, die mehr besitzen, als sie brauchen, und denen, die zu viel entbehren müssen. Bernd verurteilt keinen Menschen, er neidet niemandem seinen Besitz und behandelt alle Menschen gleich, egal, wo sie herkommen oder welcher Religion sie angehören.

Warum hat die Arche einen so großen Erfolg? Bernd kann die Menschen überzeugen, er kann sie mitreißen und er kann ihnen das Thema „Kinderarmut" nahebringen. Bernd zeigt, wie wichtig die frühe Arbeit mit den Kindern ist und wie wichtig vor allem die Prävention ist. Wir alle müssen die Kinder vom ersten Tag an begleiten und ein erwachsener Freund sein.

Ich freue mich, dass ich diese Arbeit unterstützen darf und dass es Menschen wie Bernd gibt, die mitfühlend handeln, und das ohne Sentimentalität.

Dieter Falk

Bevor ich das Kinderhilfsprojekt „Die Arche" und ihren Gründer Bernd Siggelkow kennenlernte, war mein Bild vom Leben der Kinder in Deutschland gewissermaßen romantisch verklärt.

Eigentlich dachte ich, mit einer gesunden kritischen Informationspolitik wären mir soziale Probleme nicht fremd.

Aber ich musste mich korrigieren.

Bernd Siggelkow und seine Mitarbeiter in der Arche holen Kinder in deutschen Großstädten von der Straße. Kinder, die im Umfeld von Hartz IV oft in sozialer Verwahrlosung leben müssen.

In Deutschland gibt es über drei Millionen solcher Kinder, von denen pro Tag rund 1.000 in den verschiedenen Archen betreut werden.

Die Arche ist eine Ergänzung für die Familien, in denen so vieles nicht in Ordnung ist. Lassen Sie mich ein krasses Beispiel nennen:

Nie hätte ich gedacht, dass es viele Kinder, auch kleine Kinder, gibt, deren Alltag sich im Wesentlichen um den Konsum von härtesten Action-, Porno- und Trashfilmen sowie um Computerspiele dreht. Filme und Spiele, die diese Kinder zum großen Teil gemeinsam mit ihren oft arbeitslosen Eltern oder ihren älteren Geschwistern konsumieren. In Wohnungen, in denen auch mal auf Matratzen vom Sperrmüll geschlafen wird, an deren Wohnzimmerwänden allerdings die üppigsten Flatscreens hängen.

Kinder leben in Lebensgemeinschaften, für die die Bezeichnung Familie wie Spott und Hohn klingt, weil eine intakte Partnerschaft der Eltern die große Ausnahme ist.

Viele dieser Kinder haben das Lachen verlernt und sind emotional kalt geworden. Sie verbringen die Tage heimatlos auf der Straße, schlagen sich mit kleinen Diebstählen durch und kommen nur zum Schlafen nach Hause. Andere tragen diese emotionale „Kältewelle" mit in die Schulen.

Als ich das erste Bestsellerbuch von Bernd Siggelkow und Wolfgang Büscher „Deutschlands vergessene Kinder" las, blieb mir die Spucke weg. Als Vater von zwei Kindern im Teeniealter habe ich mich über mich selbst geärgert, über mein fehlendes Wissen, über unsere Gesellschaft.

Aber manchmal lässt der liebe Gott auch im Asphalt Blumen wachsen. Manchmal lässt er Menschen zu Botschaftern werden. Zu Botschaftern für Nächstenliebe, Fürsorge und Verantwortung.

So ein Botschafter ist Bernd Siggelkow. Bernd Siggelkow, geboren in Hamburg, im Umfeld der Reeperbahn. Nicht gerade auf Rosen gebettet, sucht der musikbegeisterte Jugendliche – der in einem atheistischen Umfeld groß wird –

eine Möglichkeit, Gitarre zu lernen. Und findet sie – bei der Heilsarmee.

Wo bitte? Ja, bei der Heilsarmee. Bei diesen netten Menschen, die in schrulligen Uniformen an der sozialen Front ihre Lieder singen und Gottes Frohe Botschaft zwischen Obdachlosen und Prostituierten predigen.

Dort lernt Bernd ebendiese Botschaft der Nächstenliebe kennen – und wird zu ihrem Botschafter.

Er arbeitet „an der Front", klinkt sich ein in die sozialen Brennpunkte und erkennt: Hier gibt es ein emotionales Desaster.

Wenn Bernd Siggelkow anfängt, von seiner Arbeit zu erzählen, erlebt man einen überaus charismatischen und eloquenten Berichterstatter. Im Klartext schildert er den Arbeitsalltag der Arche in TV-Talkshows genauso wie in politischen Amtsstuben. Letztere sehen ihn übrigens ungern, denn die Arche legt den Finger in die Wunde unserer sogenannten „Sozialgesellschaft".

Die Archen sind Rettungsinseln für gestrandete Kinder. Dort finden die Kinder viel mehr als ein warmes Mittagessen, Hausaufgabenbetreuung, Spiel und Spaß. Hier lernen sie wieder altersgerecht zu leben, zu fühlen und zu denken. Sie finden ihre Kindheit wieder.

Mit der Arche haben Bernd Siggelkow und sein Team in Deutschland bislang Außergewöhnliches geleistet. Aber das Außergewöhnlichste ist, dass in der Arche viele Kinder ihr Lachen wiederfinden.

Von den Autoren lieferbar